現代地図と歴史地図を重ねた新発想の地図

Time Trip Map

名古屋時代MAP®
江戸尾張編

新創社編

「名古屋御城下絵図（文化10年）」
（愛知県図書館蔵）

光村推古書院

「享元絵巻」(部分)名古屋城管理事務所蔵

はじめに

名古屋。本州の真ん中に位置し、肥沃な平野と穏やかな海岸線に恵まれたこの地が、日本の歴史にはっきりとした存在感をもって登場するのは、信長や秀吉、家康などの群雄が割拠する国獲り物語の中心地となってからのことです。

幾多の合戦が繰り返され、後世に語り継がれる血と涙の物語を紡ぎ出した動乱の地も、大坂城を凌ぐ規模の名古屋城が築城された慶長14年(1609)を境に、治世の地へと生まれ変わっていきます。築城に併せて、清洲から多くの寺院や商家が移されて巨大な都市づくりが完了しますが、大坂夏の陣で豊臣家を滅ぼした家康が、元和元年(1615)「一国一城令」を出して居城以外の支城の解体と新しい築城の禁止を天下に発布しますから、名古屋開府は江戸時代最後の大規模築城＝都市づくりと言うことができます。文字通り「終わり(尾張)名古屋は城でもつ」というわけです。

その後、名古屋は御三家筆頭の親藩として江戸時代を通じて、江戸(東京)にもなく上方(京都・大阪)にもない独特な産業・文化・風土を蓄積していくことになります。名古屋の歴史堆積は、時に吉宗に対する宗春のような過激なまでの政治思想的な相克にまで発展したりもしましたが、概ねは歴史教科書を賑わせるような事件もなく、ひっそりと極めて地味に進行していきます。しかし、その底流では堅守にして進取、勤勉にして奔放な技術と思想を育み、今日のものづくり立国日本の礎石が形成されてきたと言うことができます。その有様は、鎖国による国際的な孤立主義が、多くの「日本的な文化」を大成させる醸造装置のような役割を果たした江戸時代の空気そのものに限りなく重なります。名古屋的なるものの理解は、日本的なるものを理解することにつながっていると言ってもよいかも知れません。しかし、独特の求心力をもって発展してきた名古屋は、その類稀な都市引力によって、これまでその魅力溢れる歴史堆積を広く告知して来なかったという側面があります。

シリーズ第8巻目にあたる本書が、郷土をこよなく愛する名古屋の人々に地元の魅力を再認識してもらうだけでなく、広く全国の人々に名古屋再発見、ひいては日本的価値再発見の機会を提供する一助となることを願っています。

尾張とは、隣接する美濃（岐阜）・三河（愛知県東部）の一部地域を含み、広義的に表現させていただきました。

名古屋城空撮写真（名古屋城管理事務所提供）

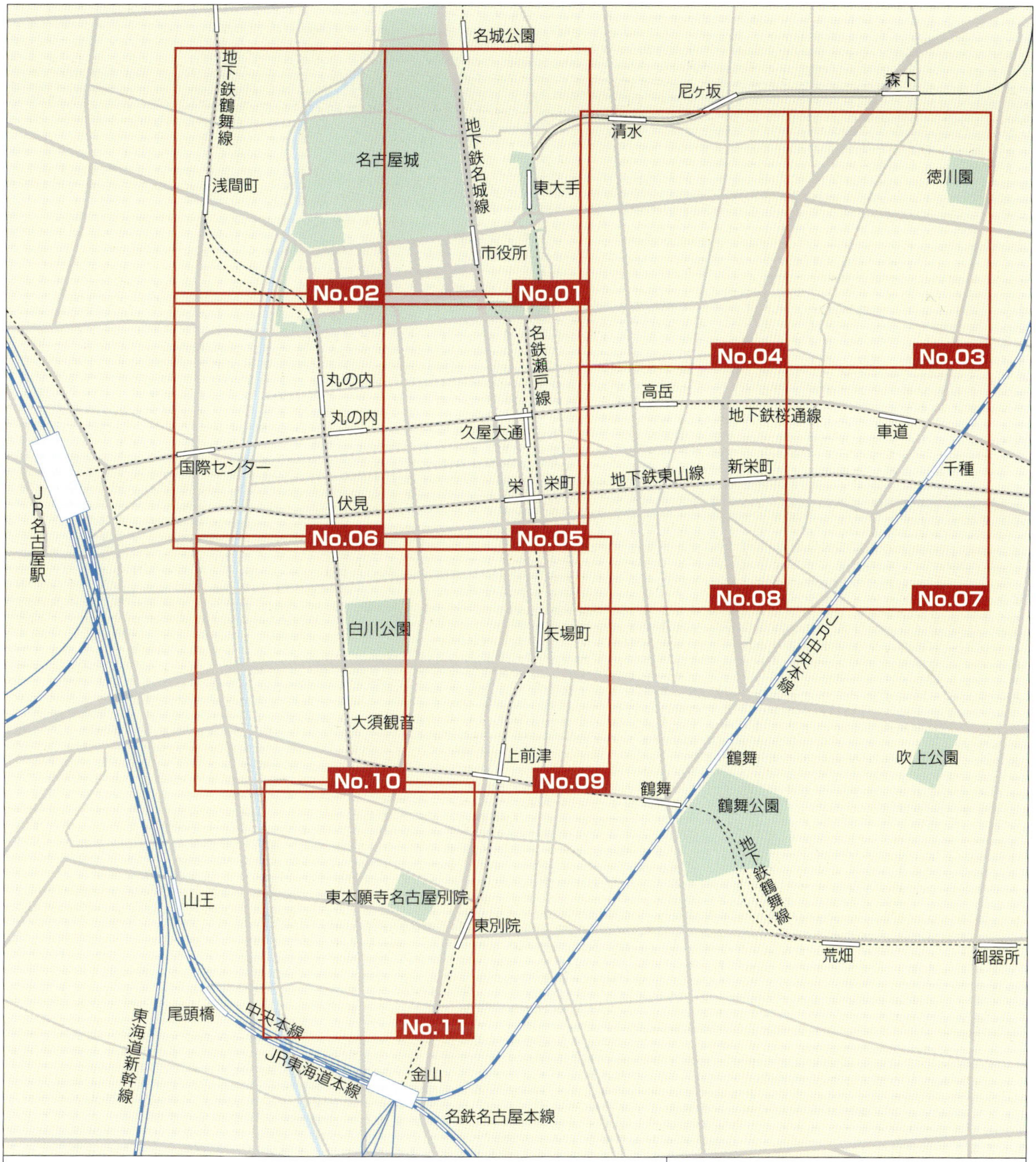

現代マップ記号

- ⊗ 警察署
- 〒 郵便局
- Ⓗ ホテル
- 卍 寺
- ⛩ 神社
- 公園、緑地
- 学校
- 公･官庁施設
- 病院
- 民間施設
- 水系
- 高速道路
- JR線
- 地下鉄･私鉄
- 道路

江戸時代地図記号

- 土手、馬場、明地
- 武士屋敷
- 町家
- 神社、寺院
- 川、堀、池、溝
- 道筋

※本書のタイムトリップマップは、廃藩置県前の『尾府全図(明治二歳己巳皐月改正)』他の資料に基づき推定にて作成したものであることをご了承ください。

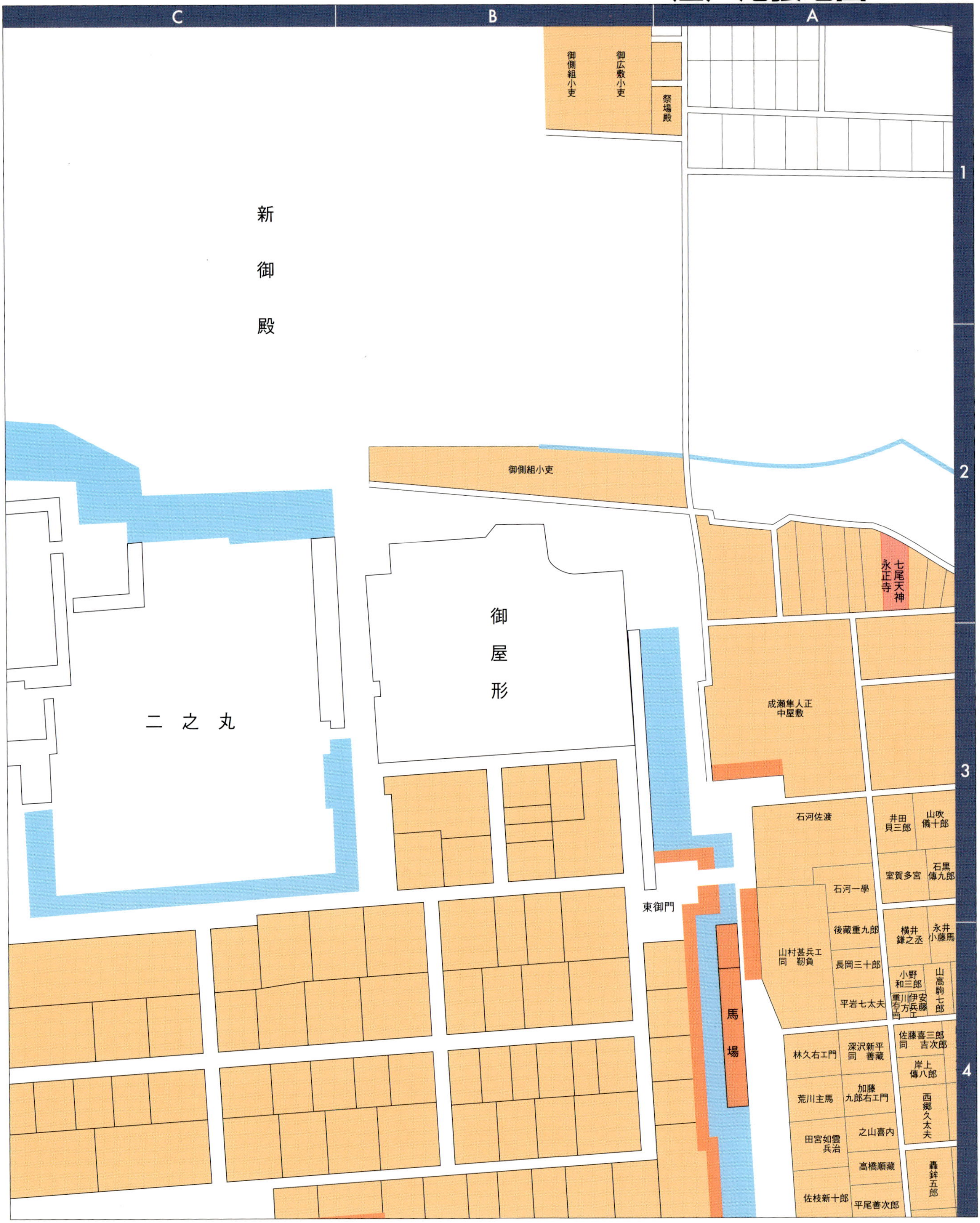
C
B
A
1
2
3
4
御側組小吏
御広敷小吏
祭場殿
新御殿
御側組小吏
七尾天神
永正寺
御屋形
二之丸
成瀬隼人正
中屋敷
東御門
馬場
石河佐渡
井田
貝三郎
山吹
儀十郎
室賀多宮
石黒
傳九郎
石河一學
後藏重九郎
横井
鎌之丞
永井
小藤馬
山村甚兵エ
同 靭負
長岡三十郎
小野
和三郎
山高駒七郎
平岩七太夫
重川右工門
伊方
安藤兵工
佐藤喜三郎
同 吉次郎
林久右エ門
深沢新平
同 善藏
岸上
傳八郎
荒川主馬
加藤
九郎右エ門
西郷久太夫
田宮如雲
兵治
之山喜内
高橋順藏
轟鉾五郎
佐枝新十郎
平尾善次郎

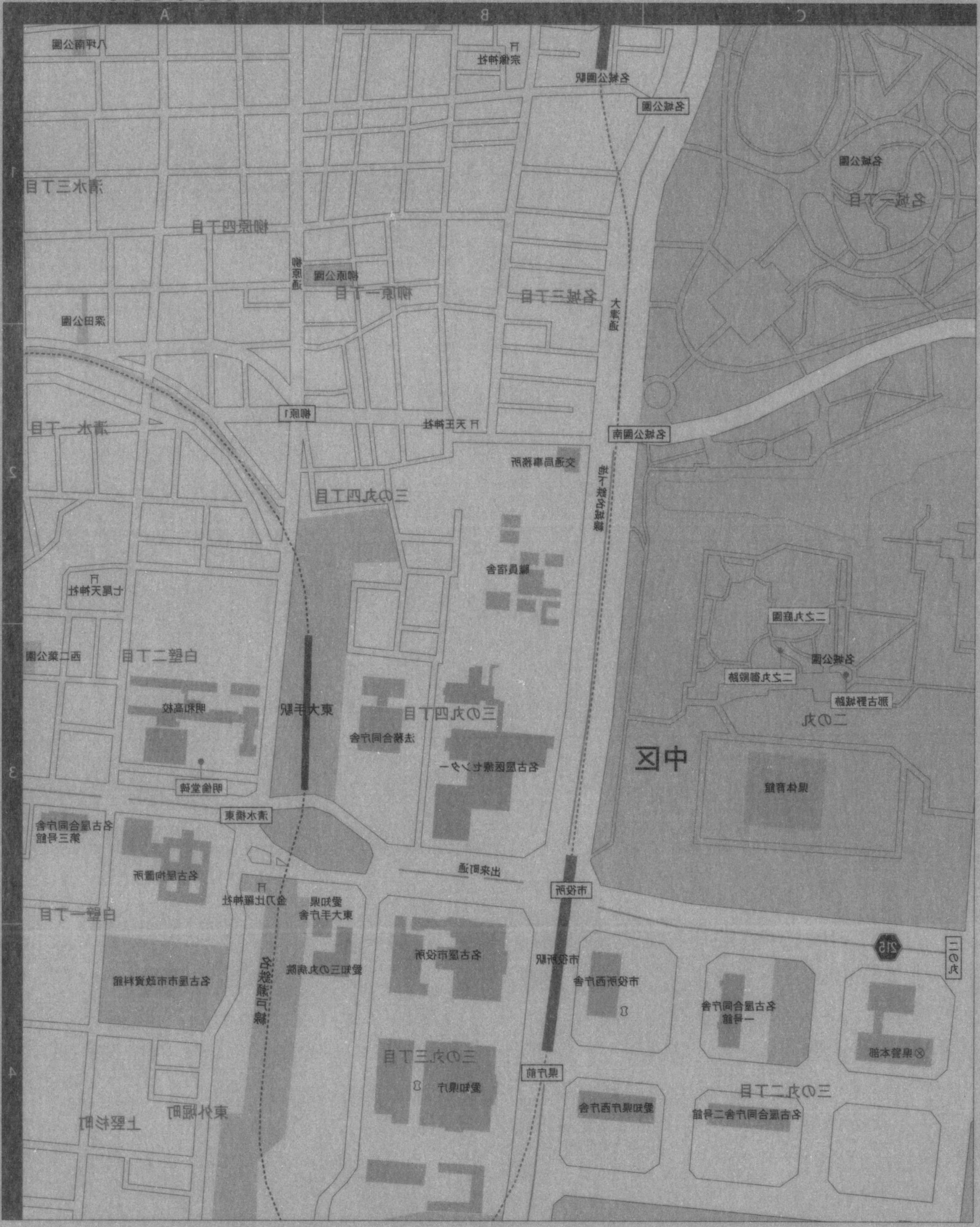
0 100 200m
A
B
C
1
2
3
4
04
05
八坪南公園
宗像神社
名城公園駅
名城公園
名城一丁目
清水三丁目
柳原四丁目
柳原通
柳原公園
柳原一丁目
名城三丁目
深田公園
大津通
柳原1
天王神社
清水一丁目
名城公園南
交通局車務所
地下鉄名城線
三の丸四丁目
職員宿舎
七尾天神社
二之丸庭園
名城公園
二之丸御殿跡
那古野城跡
西二葉公園
白壁二丁目
明和高校
東大手駅
法務合同庁舎
二の丸
中区
名古屋医療センター
県体育館
明倫堂跡
清水橋東
名古屋合同庁舎第三号館
名古屋拘置所
出来町通
市役所
金刀比羅神社
愛知県東大手庁舎
白壁一丁目
215
二の丸
名古屋市役所
市役所駅
愛知三の丸病院
名古屋市政資料館
名鉄瀬戸線
市役所西庁舎
名古屋合同庁舎一号館
県警本部
三の丸三丁目
県庁前
愛知県庁
三の丸二丁目
東外堀町
上竪杉町
愛知県庁西庁舎
名古屋合同庁舎二号館

0
100
200m
C
B
A
1
2
3
4
04
05
名城公園駅
宗像神社
八坪南公園
名城公園
名城公園
名城一丁目
清水三丁目
柳原四丁目
柳原公園
柳原通
柳原一丁目
名城三丁目
大津通
深田公園
柳原1
天王神社
名城公園南
清水一丁目
交通局事務所
地下鉄名城線
三の丸四丁目
職員宿舎
七尾天神社
二之丸庭園
白壁二丁目
西二葉公園
名城公園
二之丸御殿跡
那古野城跡
二の丸
三の丸四丁目
東大手駅
明和高校
法務合同庁舎
中区
名古屋医療センター
県体育館
明倫堂碑
清水橋東
名古屋合同庁舎第三号館
出来町通
名古屋拘置所
市役所
金刀比羅神社
愛知県東大手庁舎
白壁一丁目
215
二の丸
市役所駅
名古屋市役所
愛知三の丸病院
名鉄瀬戸線
市役所西庁舎
名古屋市市政資料館
名古屋合同庁舎一号館
県警本部
県庁前
三の丸三丁目
愛知県庁
三の丸二丁目
名古屋合同庁舎二号館
愛知県庁西庁舎
東外堀町
上竪杉町

現代地図 No.02

C
B
A
1
2
3
4
城西四丁目
裁判所
名古屋高速清須線
花ノ木公園
数寄屋町
堀端橋
御深井池
堀川
堀端町
城西三丁目
城西小学校
筋違橋
地下鉄鶴舞線
城西公園
西区
外堀
清洲櫓
紙漉南公園
鷹匠公園
樋の口町
御深井丸
大天守閣
城西二丁目
ウェスティンナゴヤキャッスル
小天守閣
名古屋城
城西二
本丸
本丸御殿跡
浅間一丁目
鷹匠橋
表二之門
富士浅間神社
浅間町駅
社会保険事務所
城西一丁目
西之丸
大幸橋
正門
内堀
県税事務所
22
朝日橋
名古屋能楽堂
東海農政局
菊井中学校
幅下橋西
正門前有料駐車場
巾下橋
幅下一丁目
三の丸一
市道江川線
弁護士会館
幅下小学校
三の丸一丁目
裁判所合同庁舎
名城病院
丸の内中学校
小塩橋
06

A
B
C
1
2
3
4
城西四丁目
堀端橋
御深井池
数寄屋町
堀端町
城西小学校
城西三丁目
筋違橋
城西公園
西区
裁判所
花ノ木公園
名古屋高速道路
地下鉄鶴舞線
外堀
清洲櫓
御深井丸
大天守閣
小天守閣
名古屋城
本丸御殿跡
表二之門
本丸
西之丸
内堀
正門
樋の口町
ウェスティンナゴヤキャッスル
鷹匠公園
城西二
鷹匠橋
城西二丁目
浅間一丁目
富士浅間神社
城西一丁目
社会保険事務所
浅間町駅
大幸橋
県税事務所
22
東海農政局
名古屋能楽堂
正門前有料駐車場
朝日橋
幅下橋西
巾下橋
幅下一丁目
菊井中学校
三の丸一
弁護士会館
名城病院
裁判所合同庁舎
三の丸一丁目
幅下小学校
市道江川線
丸の内中学校
小塩橋

江戸尾張地図 No.02

C
B
A
1
2
3
4
平川助左エ門
西村十郎左エ門
山本三慶
矢島鍋吉
馬バ丸三
加藤鎌三郎
櫻井
小塩
小池
下方
菱田
高津
水野
西田
横井
山田
矢田
安藤
速水
三沢
前田金吾
高垣
山中
弥加五藤郎
日比井
渡辺
高麗
鈴木
富田
加藤
鈴木
林
小沢八木
金服三部郎
河村
中西
加藤
藤江
大野
駒林
立川
管谷鉄吉
沢田
高ハシ
平川
西村
速水
岡田
並河
浅井
近藤
松井猪四郎
山中嘉一郎
森久之丞
時習館
村上
鈴木
大橋
杉野猶三
親九郎
スヽ木
スヽ下■治
小笠原九郎左エ門
小川弥平
西村喜平
野呂瀧江
林勘右エ門
疋田
吉田金三郎
小久保弥左エ門
鳥居善六
石川猶蔵
山内竜江
大泉太郎兵エ
雨宮
鬼頭
御中間
松田
山田
速水
堀内
重村定八郎
小久保欽三郎
佐藤傳九郎
小河
辰己左馬助
水野覚太夫
酒井又八郎
笠原喜兵エ
山本孫之丞
青木久二郎
寺町九郎
大橋助九郎
安藤林三郎
水ノ半右エ門
川村茂兵エ
竹内又蔵
林八郎左エ門
金森五郎兵エ
川村
小久保彦十郎
中川七左エ門
河村鈴二郎
平川善十郎
川嵜鞆太郎
前島傳三郎
櫻井鍋一郎
大野三郎左エ門
安井辰吉
鈴木助三郎
吉田万兵エ
加藤岩之丞
石黒鉦太郎
浅野鐘太郎
小沢八左エ門
山下金三郎
飯田三郎平
早川長左エ門
正木伊藏
進藤十郎
茅原田定右エ門
道五郎
鎌三郎
川崎重左エ門
駒林祐四郎
藤沢軍内
金平岩之丞
弥右エ門
寺尾
高クライミ
林佳二郎
井出留三郎
次郎左エ門
松平
三輪勝
小笠原彦右エ門
谷川半三郎
西岡礼四郎
水野与兵エ
村井甫庵
佐野二郎兵エ
石川良蔵
久ノ錠次郎
林治九郎
水野弥五郎
大久保七十郎
高木益三
速水藤右エ門
園田傳次郎
林与左エ門
大ハシ七郎平
山田延十郎
磯村弥藤太
小ノ慶藏
勝田快庵
佐藤五郎三郎
七原三郎
垣
野村三藏
中根鈫一郎
島沢九右エ門
紙漉跡
太田慶之助
伊藤小三郎
佐分清太郎
高木左兵エ
山中半左エ門
廣セ傳右エ門
石川治郎右エ門
本田
寺島又八郎
勝野英庵
赤林健之助
林増左エ門
天ノ覚郎平
山本吉助
林伊六
安田虎之丞
天野金三郎
山吹要三郎
円羽傳八郎
水ノ六右エ門
前島又十郎
三伯
中シマ
宗小益達
臼井鉱太郎
小沢惣之丞
左右田与七郎
佐々木鮭二郎
鳥居孝之為
高麗十三郎
後藤伴右エ門
林金三郎
杉浦弥三郎
伊藤孫三郎
尾嵜八右エ門
渡辺作次郎
安藤喜多作
岡田小八郎
長谷川勝太郎
稲垣釜之丞
三宅主税
小山田柳三郎
田ザキ鎌二郎
毛受修兵エ
栗木
井上
御鷹部屋跡
富田金平
永田益衛
中シマ養忠
吉田錐吉
岡本喜平治
フジ止
虎薬師覚鳳寺
猪平藤岩太
市小蔵笠原
小野半之丞
一ノ宮神主佐分伯馬守
林貞院
庚申
金ヒラ
浅間
堀田鉄二郎
石井隆庵
川合惣太夫
速水
酒井
後藤山次郎
杉山覚三郎
吉田唯二郎
安藤弥助
井川上村徳紋三二郎郎
年貢地
大幸橋
杉浦七左エ門
加藤健之助
外岡三右エ門
田中哲郎
若林外之丞
鈴木嘉兵エ
朝比奈弥八郎
小瀬新太郎
巾下門
兼松文五郎
中川彦九郎
朝日橋
吉田信太郎
武藤半五郎
吉田勘之丞
小笠原島之丞
御作事役所
吉田喜四郎
同 金藏
箕形亀太郎
馬場文次郎
海保喜内
奥平条三郎
吉田次郎藏
堀和新之丞
志水八郎左エ門
西村半助
高木竹之助
岩村機三郎
里村一八郎
小久保弥太夫
住山新八
上杉新三郎
鈑田吉三郎
内田伊右エ門
甲斐評平
上田喜兵エ
離宮
御本丸
厳有院御霊屋
大猷院御霊屋
台徳院御霊屋
東照宮御宮
城南寺
天王
御厩

C
B
A
1
2
3
4
本覚寺
御先手小吏
了義院
関貞寺
八幡
天道
大用寺
善行寺
寶亀山
相應寺
成瀬 隼人
下屋敷
石河 佐渡
下屋敷
神明
東月院
玉相院
三村玄證
張振甫
水野平太夫
中川孫十郎
五百羅漢
大龍寺
徳源寺
覚音寺
粕谷忠蔵
片桐八十八
神田平左エ門
鈴木八六郎
御先手小吏
荒尾
半田
加藤
杉山
平川
小川
高津
太田
青山
森寺
市川
徳興山
建中寺
正信院
養壽院
光壽院
御装束場
宗心院
甲龍院
清安院
全順院
馬場鎗吉
自然院
情妙寺
中根岩三郎
一色
林之丞
滝川
文六
近藤
定右エ門

0 100 200m
A
B
C
1
2
3
4
東大曽根町
桜丘中学校
東大曽根第一公園
了義院
関貞寺
大曽根公園
大曽根
瑞忍寺
芳野三丁目
徳川二
市工芸前
徳川町
徳川二丁目
19
旭丘小学校
中京法律専門学校
善行寺
山口公園
山口町
徳川園
徳川美術館
徳川街園
徳川町
山口南公園
東区
赤塚町
赤塚
山口町
出来町通
山口町
215
徳川美術館南
新出来
旭丘公園
新出来一丁目
徳川一丁目
徳源寺
覚音寺
新出来二丁目
あずま中学校
東海高校
愛知商業高校
明倫公園
出来町
金蓮寺
泉心院
百人町
建中寺
誓安院
東区役所
筒井一丁目
東桜公園
東区役所
建中寺幼稚園
代官町
黒門公園
車道町
徳成学園
黒門町
建中寺東
善光寺
建中寺公園
東警察署
筒井小学校
筒井町
自然院
愛代官公園
情妙寺
城番公園
07

現代地図 No.03

0 100 200m
C
B
A
1
2
3
4
芳野三丁目
了義院
関貞寺
大曽根公園
瑞忍寺
東大曽根第一公園
桜丘中学校
東大曽根町
市工芸前
徳川二
徳川二丁目
徳川町
19
旭丘小学校
中京法律専門学校
善行寺
山口公園
山口町
山口南公園
赤塚町
赤塚
徳川街園
徳川町
徳川園
徳川美術館
東区
山口町
出来町通
215
徳川美術館南
新出来
旭丘公園
徳川一丁目
新出来一丁目
徳源寺
覚音寺
新出来二丁目
あずま中学校
愛知商業高校
東海高校
宗心院
金蓮寺
出来町
明倫公園
百人町
誓安院
建中寺
東区役所
筒井一丁目
東憧松公園
東区役所
建中寺幼稚園
代官町
車道町
黒門公園
慈友学園
建中寺公園
善光寺
建中寺東
黒門町
東警察署
筒井小学校
堅代官公園
自然院
筒井町
情妙寺
城番公園
07

現代地図 No.04

C
B
A
1
2
3
4
01
05
08
清水駅
清水駅西
名鉄瀬戸線
尼ヶ坂公園
工芸高校
芳野二丁目
清水一丁目
清水南公園
大杉一丁目
市上下水道局出張所
名古屋高速楠線
木曽街道
芳野2
大杉南公園
長久寺
金城学院中学校
芳野一丁目
東芳野公園
西二葉公園
白壁三丁目
長久寺公園
清瀧寺
白壁
名古屋東局
出来町通
中産連ビル前
清水口
金城学院高校
東白壁小学校
東白壁公園
名古屋合同庁舎第三号館
41
白壁四丁目
白壁五丁目
白壁の町並み
白壁一丁目
白壁庁舎
旧豊田佐助邸
香楽
主税町の町並み
主税町三丁目
主税町四丁目
主税町東公園
相生町
東税務署
主税町長屋門
主税町二丁目
主税町公園
伊藤家住宅
撞木町三丁目
撞木町二丁目
撞木町一丁目
山吹小学校
山吹谷公園
撞木公園
円勝寺
撞木町の町並み
平田町
飯田町
禅隆寺
都心環状線
市川病院
東片端町
外堀通
飯田町
東片端
名古屋高速都心環状線
名古屋逓信病院
大光寺
松山神社
円明寺
平田公園
代官町
一乗院
宝寺観音院
舎人公園
19
七小公園
代官公園
代官町
泉三丁目
横代官
泉二丁目
遍照院
泉三丁目

尼ヶ坂公園
工芸高校
名鉄瀬戸線
清水駅
清水駅西
芳野二丁目
大杉一丁目
市上下水道局出張所
清水南公園
清水一丁目
芳野2
名古屋高速楠線
木曽街道
大杉南公園
長久寺
芳野一丁目
東芳野公園
金城学院中学校
長久寺公園
白壁三丁目
西二葉公園
清蔵寺
白壁
名古屋東局
中産連ビル前
出来町通
清水口
東白壁小学校
東白壁公園
金城学院高校
名古屋合同庁舎第三号館
41
白壁五丁目
白壁四丁目
白壁の町並み
白壁一丁目
白壁庁舎
旧豊田佐助邸
香楽
主税町の町並み
主税町四丁目
相生町
主税町東公園
主税町長屋門
主税町三丁目
東税務署
主税町二丁目
主税町公園
伊藤家住宅
橦木町三丁目
橦木町二丁目
橦木町一丁目
山吹谷公園
山吹小学校
橦木町の町並み
円勝寺
橦木公園
平田町
市川病院
禅隆寺
飯田町
都心環状線
外堀通
東片端
東片端町
平田公園
大光寺
名古屋逓信病院
名古屋高速都心環状線
松山神社
円明寺
代官町
一乗院
宝寺観音院
舎人公園
19
代官公園
七小公園
橦代官
泉三丁目
泉二丁目
遍照院
01
05
08

江戸尾張地図 No.04

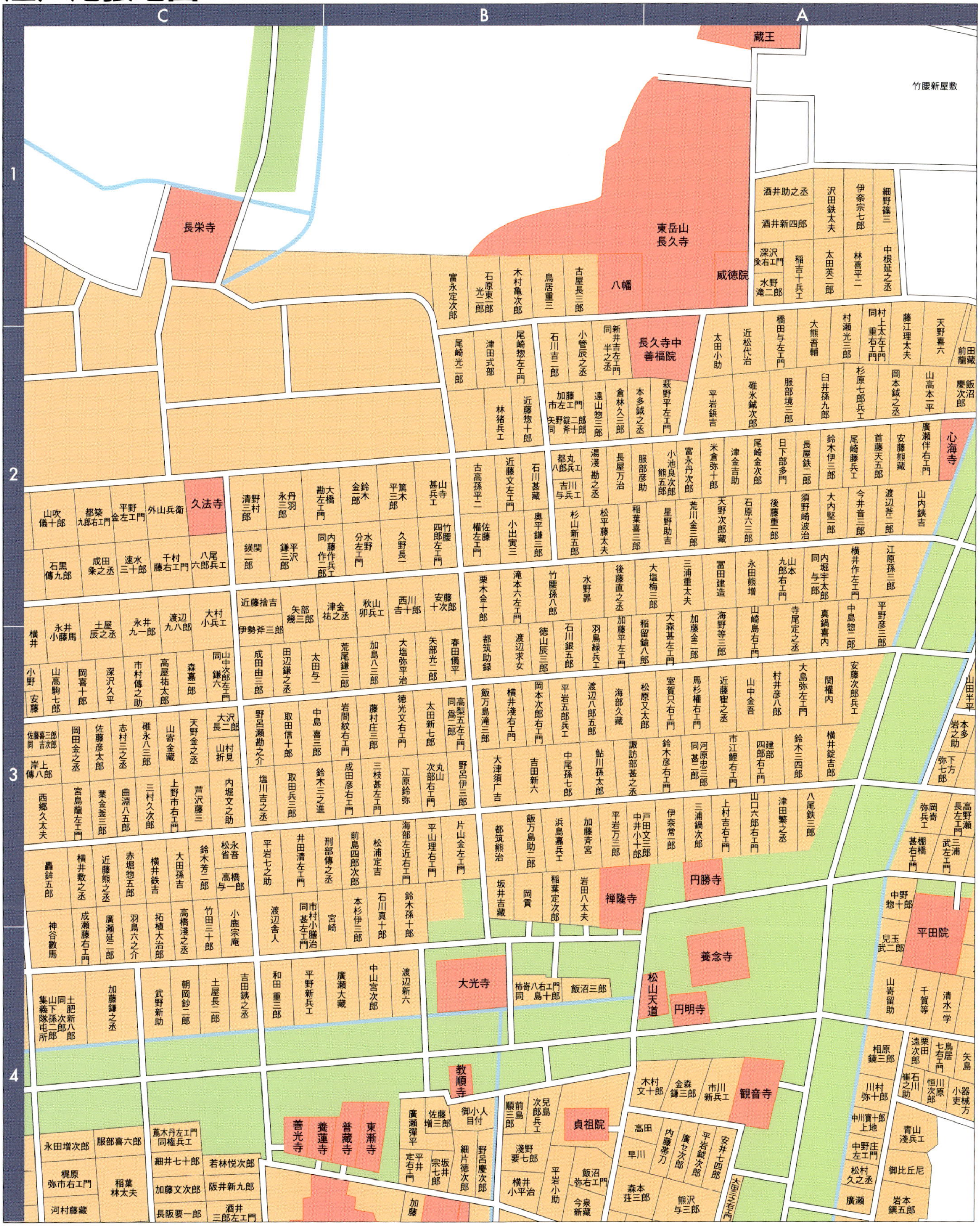

C
B
A
1
2
3
4
蔵王
竹腰新屋敷
長栄寺
東岳山 長久寺
八幡
威徳院
長久寺中 善福院
久法寺
心海寺
禅隆寺
円勝寺
平田院
養念寺
大光寺
松山天道
円明寺
教順寺
観音寺
貞祖院
善光寺
養蓮寺
普蔵寺
東漸寺
酒井助之丞
沢田鉄太夫
伊奈宗七郎
細野篠三
酒井新四郎
深沢粂右エ門
水野滝二郎
稲吉十兵エ
太田英二郎
林喜平二
中根延之丞
富永定次郎
石原東一 光二郎
木村亀次郎
鳥居重三
古屋長三郎
尾崎光二郎
津田式部
尾崎惣左エ門
石川吉一郎
小管辰之丞
同 新井吉左エ門 半之丞
太田小助
近松代治
橋田与左エ門
大熊吾輔
村瀬光三郎
同 村上重右エ門 太左エ門
藤江理太夫
天野喜六
前田龍蔵
林猪兵エ
近藤惣十郎
加藤市左エ門
矢野錠二郎 同 斧十郎
遠山惣三郎
倉林久三郎
本多鉞之丞
萩野平左エ門
平岩鉄吉
碓氷鉞次郎
服部境三郎
臼井孫九郎
杉原七郎兵エ
岡本鉞之丞
山高本二平
飯沼慶次郎
古高孫平二
近藤文左エ門
石川甚蔵
都筑八郎 丸兵エ
吉川与兵エ
湯浅勘之丞
長屋万治
服部彦助
小池良次郎 熊五郎
富永丹次郎
米倉弥十郎
津金吉助
尾崎金次郎
日下部多門
長屋鉄二郎
鈴木伊三郎
尾崎藤兵エ
首藤天五郎
安藤熊蔵
廣瀬伴右エ門
山吹儀十郎
都築九郎右エ門
平野金左エ門
外山兵衛
清野三村郎
永丹羽三郎
大橋勘左エ門
金鈴木郎
篤木平三郎
山寺甚兵エ
佐藤権左エ門
小出寅三
奥平鎌三郎
杉山新五郎
松平藤太夫
稲葉喜三郎
星野助吉
荒川金三郎
天野次郎蔵
石原六三郎
後藤重一郎
須野崎波治
大内堅一郎
今井音三郎
渡辺斧二郎
山内鉄吉
石黒傳九郎
成田粂之丞
速水三十郎
千村藤右エ門
八尾六郎兵エ
鉄関二郎
平沢鎌三郎
同 内藤作二郎
水野分左エ門
久野長一
竹腰四郎左エ門
栗木金十郎
滝本六左エ門
竹腰孫八郎
水野罪
後藤直之丞
大塩梅三郎
三浦重太夫
冨田建造
永田熊増
山本九郎右エ門
同 内堀宇太郎 与一郎
横井作左エ門
江原孫三郎
横井
永井小藤馬
土屋辰之丞
永井九一郎
渡辺九八郎
大村小兵エ
近藤捨吉
伊勢斧三郎
矢部幾三郎
津金祐之丞
秋山卯兵エ
西川吉十郎
安藤十次郎
都筑助録
渡辺求女
徳山辰三郎
石川銀五郎
羽鳥録兵エ
加藤平左エ門
稲留鎗八郎
大森甚左エ門
加藤金二郎
海野等三郎
山崎島右エ門
寺尾定之丞
真鍋喜内
中島惣一郎
平野彦三郎
小野
安藤
山高駒七郎
岡喜十郎
深沢久平
市村傳之助
高屋祐太郎
森嘉一郎
同 山中次郎左エ門 鎌六
成田由三郎
田辺鎌之丞
太田与一
荒尾鎌三郎
加島八三郎
大塩弥平治
矢部光二郎
春田儀平
飯万島滝三郎
横井浅右エ門
岡本次郎右エ門
平岩五郎兵エ
渡辺八郎五郎
海部久蔵
松原又太郎
室賀只右エ門
馬杉権右エ門
近藤亀之丞
山中金吾
村井彦八郎
大島弥左エ門
関権内
安藤次郎兵エ
山田半平
佐藤喜三郎 同 吉次郎
岡田金之丞
佐藤彦太郎
志村三之丞
碓永八三郎
山寄金蔵
天野金之丞
大沢長二郎
山村折見
野呂瀬勘之介
取田信十郎
中島喜三郎
岩間紋右エ門
藤村庄三郎
徳光文右エ門
太田新七郎
同 高梨五左エ門 鶴二郎
大津須广吉
吉田新六
中尾孫七郎
鮎川孫太郎
諏訪部甚之丞
鈴木彦右エ門
同 河原忠三郎 甚二郎
市江鯉右エ門
建部四郎右エ門
鈴木三四郎
横井錠吉郎
本多岩之助
下方弥七郎
岸上傳八郎
西郷久太夫
宮島龍左エ門
葉金釜三郎
曲淵八五郎
三村久次郎
上野市右エ門
芦沢藤三
内堀文之助
塩川吉之丞
取田兵三郎
鈴木三之進
成田彦右エ門
三枝甚左エ門
江原鈴弥
丸山次郎右エ門
野呂伊三郎
都筑熊治
飯万島助二郎
浜島嘉兵エ
加藤斉宮
平岩万三郎
中井小十郎 戸田文三郎
伊奈常一郎
三浦鍋次郎
上村吉右エ門
山口六郎右エ門
津田繁之丞
八尾鉄三郎
岡嵜弥兵エ
高野瀬長左エ門
棚橋甚右エ門
三浦武左エ門
轟鉾五郎
横井敷之丞
近藤熊之丞
赤堀惣五郎
横井鉄吉
大田孫吉
鈴木芳二郎
永吾松省
高橋与一郎
平岩七之助
井田清左エ門
刑部傳之丞
前島四郎次郎
松浦定吉
海部左近右エ門
平山理右エ門
片山金左エ門
坂井吉蔵
岡貢
稲葉定次郎
岩田八太夫
中野惣十郎
神谷數馬
成瀬藤右エ門
廣瀬延三郎
羽鳥六之介
拓植大治郎
高橋浅之丞
竹田三十郎
小鹿宗庵
渡辺舎人
同 市村小膳治 甚左エ門
宮崎
本杉伊三郎
石川真十郎
鈴木孫十郎
児玉武二郎
集義隊屯所
山下孫次郎
同 土肥新八郎
加藤鎌之丞
武野新助
朝岡鈔二郎
土屋長二郎
吉田鉄之丞
和田重三郎
平野新兵エ
廣瀬大蔵
中山宮次郎
渡辺新六
柿嵜八右エ門 同 島十郎
飯沼三郎
山嵜留助
千賀等
清水一学
相原鐐三郎
遠栗田次郎
鳥居七右エ門
矢島
崔石之助
恒川次郎
小器械方
川村弥十郎
木村文十郎
金森鎌三郎
市川新兵エ
永田増次郎
服部喜六郎
蔦木丹左エ門 同 権兵エ
廣瀬弾平
佐藤増三郎
御小人目付
前島順三郎
児島次郎兵エ
高田
内藤帯刀
廣七次郎
平岩鉄次郎
安井七四郎
中川寶十郎 上地
青山浅兵エ
中野庄左エ門
梶原弥市右エ門
稲葉林太夫
細井七十郎
若林悦次郎
加藤文次郎
阪井新九郎
河村藤蔵
長阪要一郎
酒井三郎左エ門
平井定右エ門
坂井宗七郎
細片徳次郎
野呂慶次郎
浅野要七郎
横井小平治
平岩小助
飯沼弥右エ門
今泉新蔵
早川
森本荘三郎
熊沢与三郎
大田三左エ門
松村久之丞
御比丘尼
岩本鎮五郎
廣瀬
加藤

江戸尾張地図 No.05

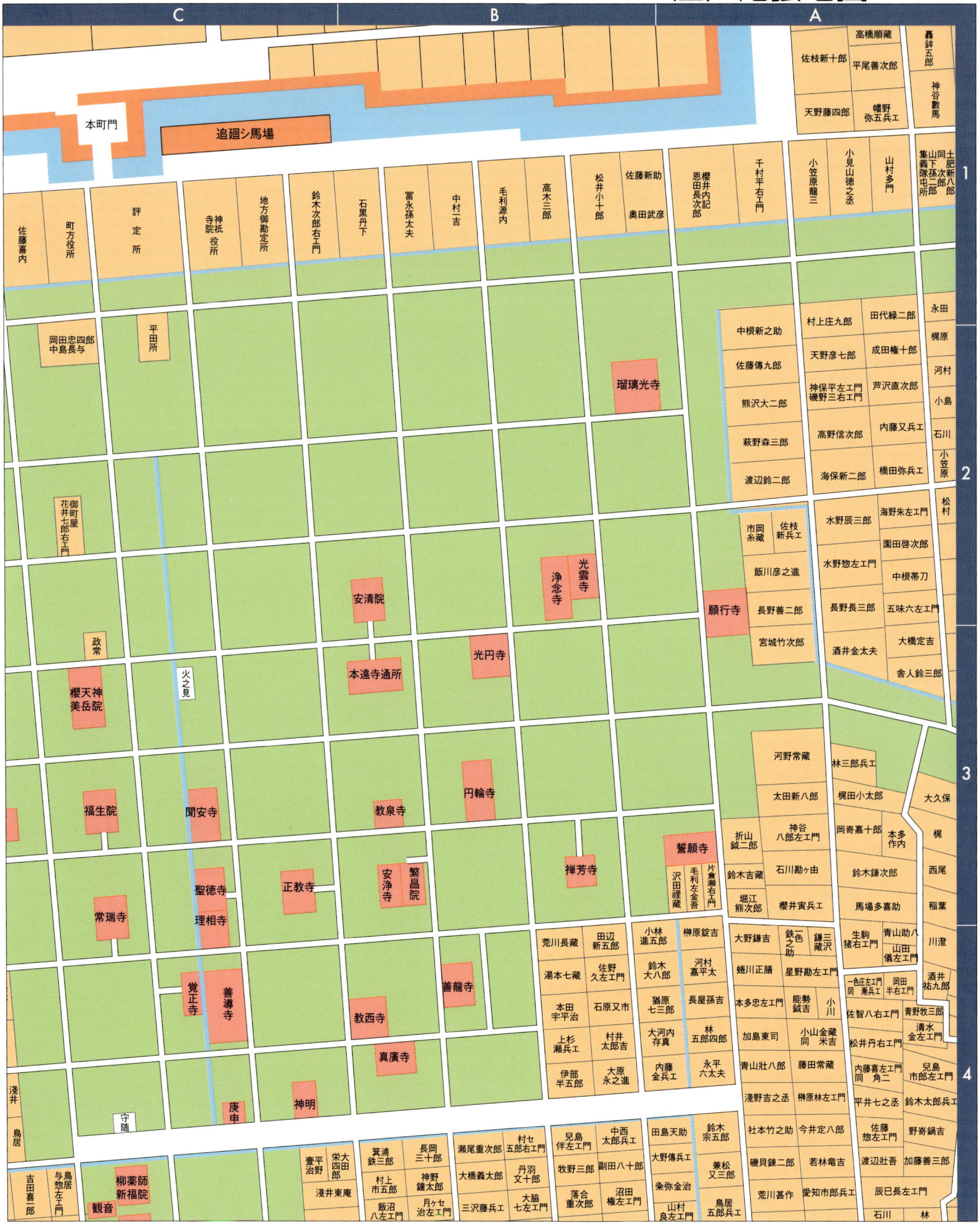

C
B
A
1
2
3
4
本町門
追廻シ馬場
高橋順蔵
佐枝新十郎
平尾善次郎
天野藤四郎
幡野弥五兵エ
轟鉢五郎
神谷數馬
佐藤喜内
町方役所
評定所
寺社役所
地方御勘定所
鈴木次郎右エ門
石黒丹下
冨永孫太夫
中村一吉
毛利源内
高木三郎
松井小十郎
佐藤新助
奥田武彦
恩田長次郎
櫻井内記
千村平右エ門
小笠原龍三
小見山徳之丞
山村多門
集義隊屯所
山下孫二郎
同次郎八
土肥新八郎
岡田忠四郎
中島長与
平田所
瑠璃光寺
中根新之助
佐藤傳九郎
熊沢大二郎
萩野森三郎
渡辺鈴二郎
村上庄九郎
田代緑二郎
天野彦七郎
成田権十郎
神保平左エ門
磯野三右エ門
芦沢直次郎
高野信次郎
内藤又兵エ
海保新二郎
橋田弥兵エ
永田
梶原
河村
小島
石川
小笠原
松村
御町屋花井七郎右エ門
市岡糸蔵
佐枝新兵エ
飯川彦之進
長野善二郎
宮城竹次郎
水野辰三郎
海野朱左エ門
園田啓次郎
水野惣左エ門
中根帯刀
長野長三郎
五味六左エ門
酒井金太夫
大橋定吉
舎人鈴三郎
安清院
浄念寺
光雲寺
願行寺
政常
本遠寺通所
光円寺
櫻天神美岳院
火之見
河野常蔵
太田新八郎
林三郎兵エ
梶田小太郎
大久保
福生院
聞安寺
教泉寺
円輪寺
誓願寺
折山鉞二郎
神谷八郎左エ門
岡嵜嘉十郎
本多作内
梶
西尾
稲葉
鈴木吉蔵
石川勘ヶ由
鈴木鎌次郎
聖徳寺
正教寺
安浄寺
繁昌院
禅芳寺
沢田謹蔵
毛利左金吾
片倉瀬右エ門
堀江熊次郎
櫻井寅兵エ
馬場多喜助
常瑞寺
理相寺
荒川長蔵
田辺新五郎
小林進五郎
榊原錠吉
大野鎌吉
鉄之助
一色
鎌沢
三蔵
生駒猪右エ門
青山助八
山田儀左エ門
川澄
湯本七蔵
佐野久左エ門
鈴木大八郎
河村嘉平太
蜷川正膳
星野勘左エ門
酒井祐九郎
一色左エ門
同瀬兵エ
岡田半右エ門
覚正寺
善導寺
善龍寺
教西寺
本田宇平治
石原又市
猶原七三郎
長屋孫吉
本多忠左エ門
能勢鉞吉
小川
佐智八右エ門
青野牧三郎
清水金左エ門
上杉瀬兵エ
村井太郎吉
大河内存真
林五郎四郎
加島東司
小山金蔵
同米吉
松井丹右エ門
眞廣寺
伊部半五郎
大原永之進
内藤金兵エ
永平六太夫
青山壯八郎
藤田常蔵
内藤喜左エ門
同角二
兒島市郎左エ門
淺井
神明
庚申
守随
鳥居
淺野吉之丞
榊原林左エ門
平井七之丞
鈴木太郎兵エ
社本竹之助
今井定八郎
佐藤惣左エ門
野嵜鍋吉
吉田喜一郎
与惣左エ門
鳥居
柳薬師新福院
観音
臺治
平野
栄四郎
大四郎
淺井東庵
箕浦鉄三郎
長岡三十郎
村上市五郎
神野鐘太郎
飯沼八左エ門
月ヶ瀬治左エ門
瀬尾重次郎
村セ五郎右エ門
大橋義太郎
丹羽文十郎
三沢藤兵エ
大脇七左エ門
兒島伴左エ門
中西太郎兵エ
牧野三郎
副田八十郎
落合重次郎
沼田権左エ門
田島天助
大野傳兵エ
条弥金治
山村良左エ門
鈴木宗五郎
兼松又三郎
鳥居五郎兵エ
磯貝錬二郎
若林竜吉
荒川甚作
愛知市郎兵エ
渡辺壯吾
加藤善三郎
辰巳長左エ門
石川
林

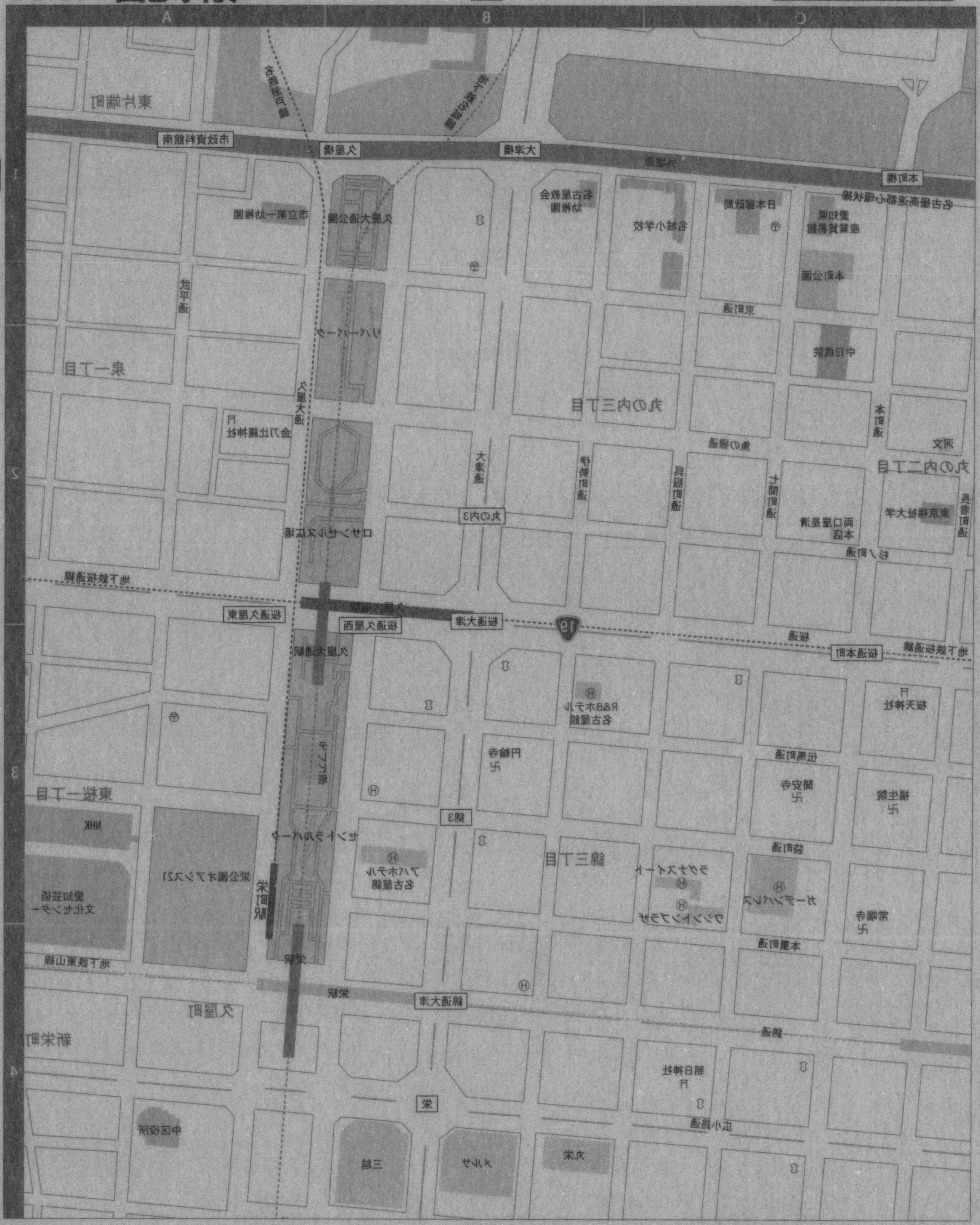
0 100 200m
01
東片端町
市政資料館南
久屋橋
大津橋
外堀通
本町橋
名古屋高速都心環状線
名古屋教会幼稚園
名城小学校
日本郵政局
愛知県産業貿易館
市立第一幼稚園
久屋大通公園
本町公園
京町通
武平通
泉一丁目
丸の内三丁目
中日病院
久屋大通
金刀比羅神社
東の川通
本町通
大津通
伊勢町通
呉服町通
七間町通
丸の内二丁目
長者町通
丸の内3
ロサンゼルス広場
両口屋是清本店
東京福祉大学
桜ノ町通
地下鉄桜通線
桜通久屋東
久屋大通
桜通久屋西
桜通大津
19
桜通
桜通本町
久屋大通駅
R&Bホテル名古屋錦
桜天神社
円輪寺
伝馬町通
久屋大通
東桜一丁目
開安寺
福生院
錦3
NHK
セントラルパーク
栄公園オアシス21
アパホテル名古屋錦
錦三丁目
ラグナスイートホテル
ガーデンパレス
杉ノ町通
愛知芸術文化センター
栄町駅
常瑞寺
ザ・ノースナゴヤ
本重町通
地下鉄東山線
栄駅
錦通大津
久屋町
錦通
新栄町
朝日神社
栄
広小路通
中区役所
三越
パルコ
丸栄
09
04
08

現代地図 No.05

0 100 200m

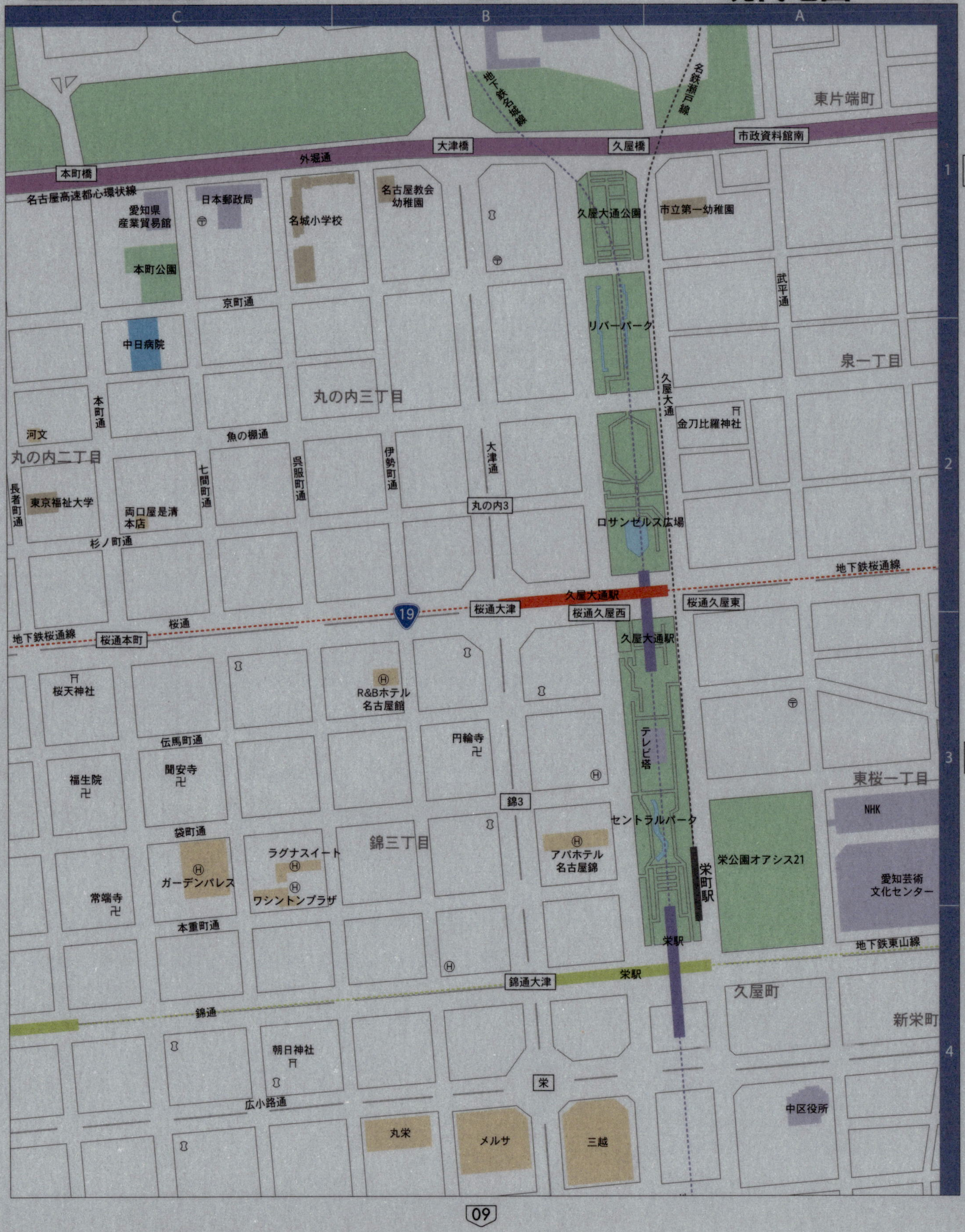

現代地図 No.06

02
C
B
A
1
2
3
4
名古屋高速清須線
隅田神社
幅下二丁目
明道町
外堀通
名古屋高速都心環状線
景雲橋西
景雲橋東
新御園橋
愛知県図書館
那古野神社
妙真寺
慶栄寺
円頓寺
専修寺別院
堀川
美濃忠本店
東横イン
五条橋
京町通
那古野一丁目
丸の内一丁目
伊藤家住宅
至誠院
信明寺
伏見魚ノ棚
丸の内駅
魚ノ棚通
丸の内二丁目
伏見通
桑名町通
長島町通
御園通
長徳寺
四間道の伝統的な町並み
浅間神社
中橋
杉ノ町通
堀川東通
地下鉄鶴舞線
白山神社
那古野一丁目
桜通
日銀前
丸の内駅
桜橋西
桜橋東
19
国際センター駅
中区
日本銀行名古屋支店
伝馬橋
伝馬橋東
伝馬町通
升半茶店本店
木挽町通
中ノ町通
光明院
延命院
名駅五丁目
神明社
袋町通
伏見袋町
袋町商店街
錦二丁目
笹島中学校
御園小学校
錦一丁目
福泉寺
ナゴヤローレンホテル
本重町通
下園公園
錦橋
錦橋東
地下鉄東山線
錦通
錦通伏見
伏見駅
錦通長島町
名古屋観光ホテル
伏見駅
柳橋
広小路通
広小路伏見
納屋橋
納屋橋東
広小路通
10

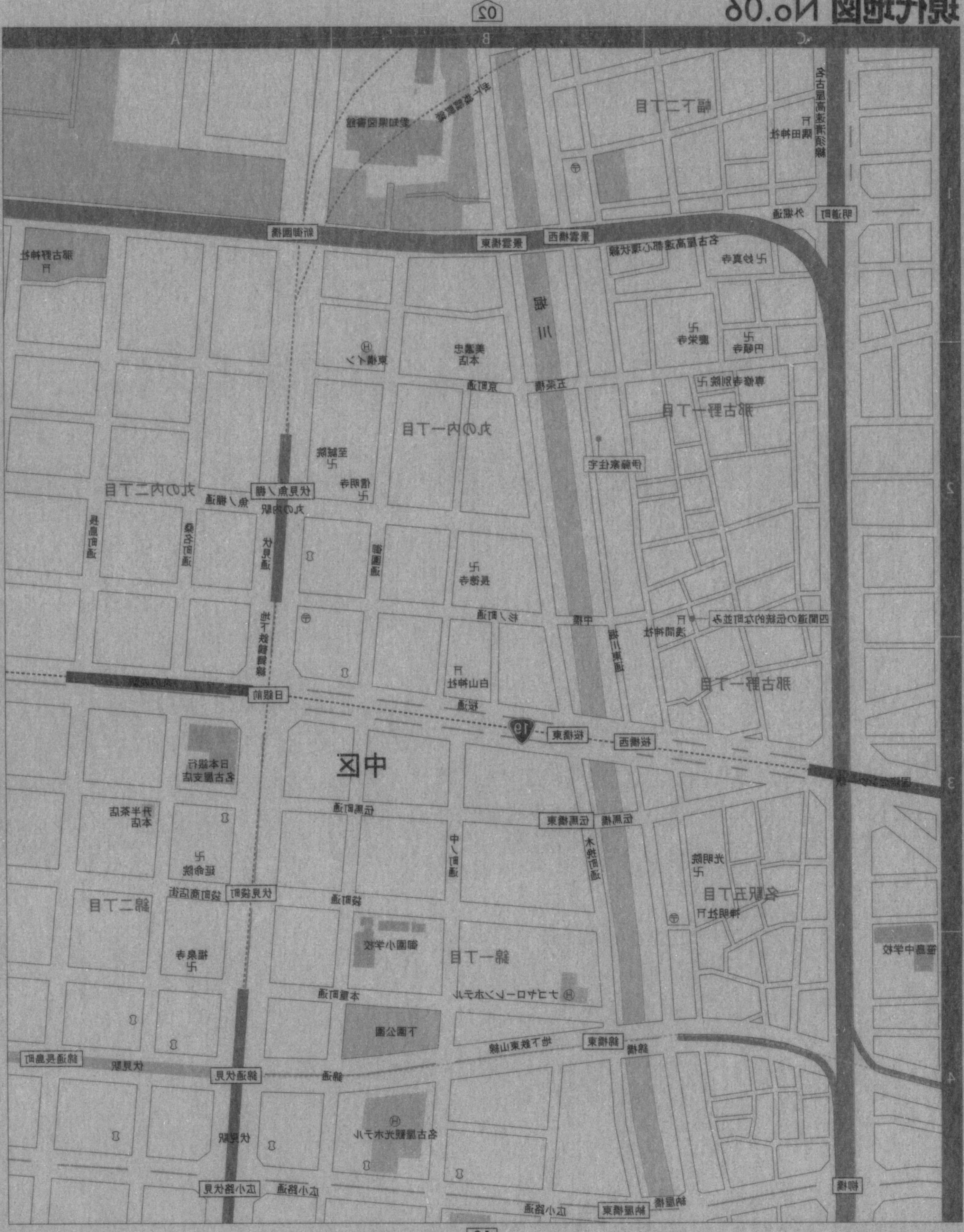

02
10
中区
丸の内一丁目
丸の内二丁目
那古野一丁目
錦一丁目
錦二丁目
名駅五丁目
幅下二丁目
愛知県図書館
名古屋高速都心環状線
名古屋高速6号清須線
堀川
外堀通
京町通
桜通
伝馬町通
錦通
広小路通
本重町通
長者町通
御園通
伏見通
桑名町通
魚ノ棚通
伏見
丸の内駅
伏見駅
国際センター駅
美濃忠本店
白山神社
長円寺
信行院
円頓寺
慶栄寺
浅間神社
伊藤家住宅
四間道の伝統的な町並み
日本銀行名古屋支店
御園小学校
白川公園
名古屋観光ホテル
那古野神社
延命院
福泉寺
光明院
神明社
錦橋
納屋橋
桜橋
伝馬橋
五条橋
中橋
景雲橋
新御園橋
明道町
柳橋

江戸尾張地図 No.06

C
B
A
1
2
3
4
甲斐評平
上田喜兵エ
山本洞博
花井物助
渡辺釜八
太田藤蔵
川村又次郎
柴田九重吉
樋口大三郎
木村鍬吉
彦坂平太夫
御園門
騎射馬場
馬場
島沢九郎兵エ
御先手小吏
榊左兵エ
山本庄次郎
御小人目付
川上正五郎
御作事役所
神田鉄次郎
円頓寺
慶栄寺
加島外之丞
支配勘定
大代官支配
冨永二蔵
高木作十郎
野呂瀬半兵エ
同英之丞
長野七郎右エ門
五味織江
横井亮三郎
田中宗玄
明倫堂
高田本坊信行院
五条橋
四間道
悠福寺
至誠院
御近侍持
長徳寺
真宗寺
佐々鉄三郎
浅間
中橋
金剛寺
教授寺
浄願寺
清水寺
吉田玄覚
円通寺
浄教寺
方等院
大野坂井
片桐文次郎
堀川
白山
興善寺
ハタノ文之助
森本内蔵三
牛辺
御近侍持
傳馬橋
延命院
善林寺
八幡
井上孫七郎
森川久次郎
小山清兵エ
光明院
御友三右エ門
淺野永十郎
吉田辰吉
柳原乙一
都筑儀一郎
薬師寺
医王寺
福泉寺
正覚寺
神明
中村一吉　控
野寄光吉
柳生六郎
寺山虎助
箕形辰之丞
服部理兵エ
高木儀十郎
浄信寺
宮寄吉六郎
同靡
沢井鍋七郎
深田惣二郎
大脇久四郎
鈴木善左エ門
伊藤鎌蔵
平岩善蔵
柳生三五郎
小塩新右エ門
淺利常一郎
堀田平右エ門
柴田承桂
原彦四郎
同鉞次郎
須賀順三郎
津金庄八
丹羽嘉七
行方八郎
奥田市郎右エ門
野村八郎左エ門
内藤錠次郎
舟バシ弥三郎
跡部又七郎
高橋冨三郎
市辺勘兵エ
今泉源内
泰魁之丞
増田太兵エ
大道寺啓之丞
長野勇次郎
大槻重右エ門
山田梁山
土岐定二郎
榊原藤治
鈴木勘三郎
落合七四郎
大津武五郎
岡寺順次郎
正福寺
鈴木助三郎
長阪左馬五郎
白井逸蔵
細川定四郎
渡辺鉞二郎
榻山重兵エ
尾サキ銀三郎
田邊金五郎
志村司馬
志村伊會吉
永林寺
正木宗兵エ
半田小三治
野寄藤六郎
納屋橋
水谷
小田切
倉地
服部沢右エ門
黒田
酒井
山本
平岩瀬兵エ
野サキ三郎右エ門
水野順三郎
岡本鑛三郎
柴山留吉

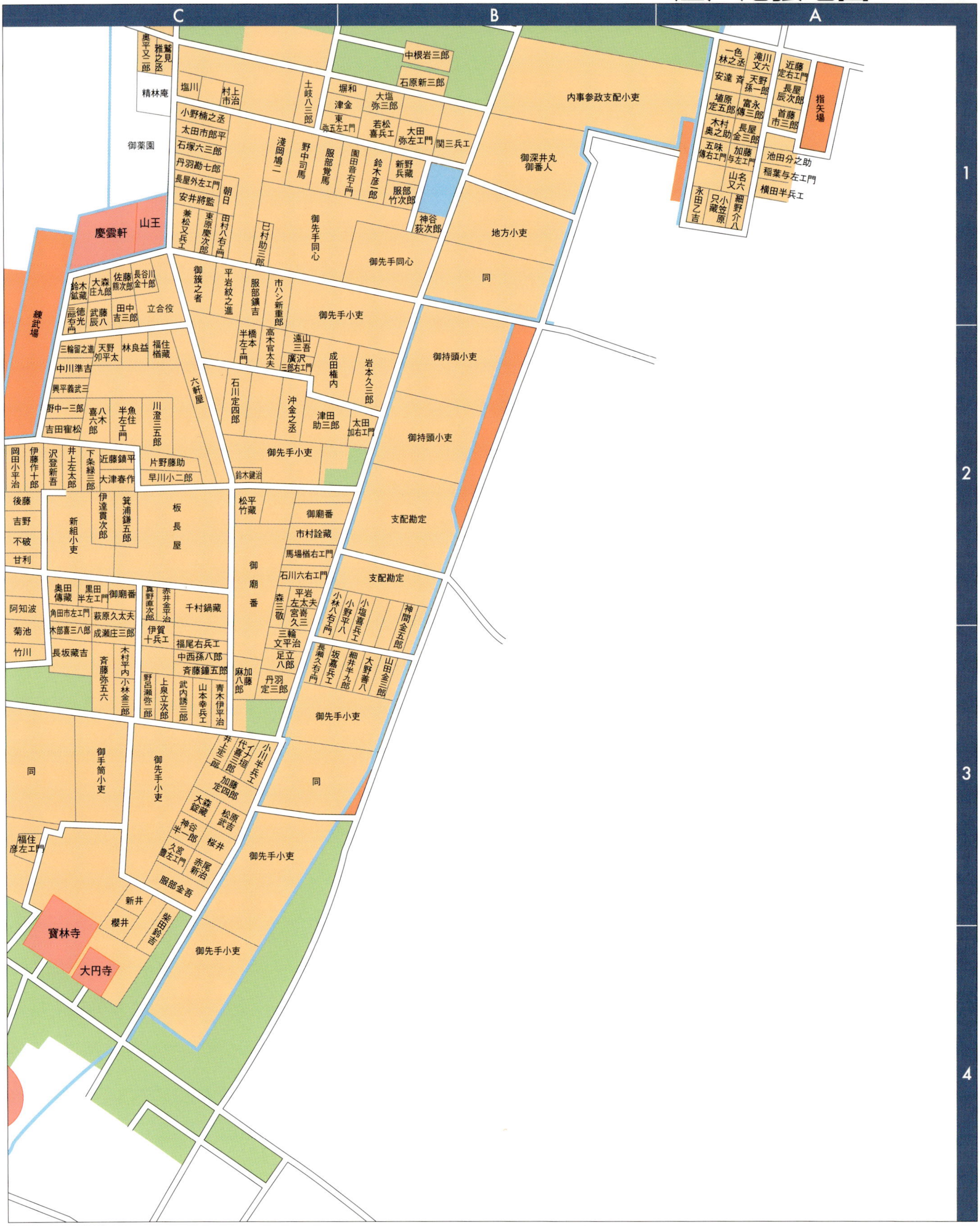

C
B
A
1
2
3
4
奥平又二郎
鷲見雅之丞
精林庵
御薬園
塩川
村上市治
土岐八三郎
中根岩三郎
石原新三郎
堀和
津金
大塩弥三郎
東弥五左エ門
若松喜兵エ
大田弥左エ門
関三兵エ
内事参政支配小吏
一色林之丞
滝川文六
近藤定右エ門
安達斉
天野孫一郎
長屋辰次郎
指矢場
埴原定五郎
富永傳三郎
首藤市三郎
木村奥之助
長屋金三郎
五味傳右エ門
加藤与左エ門
池田分之助
稲葉与左エ門
横田半兵エ
山名又六
永田乙吉
只藏
小笠原
細野介八
小野楠之丞
太田市郎平
石塚六三郎
丹羽勘七郎
長屋外左エ門
安井將監
朝日
浅岡鳩一
野中司馬
服部覚馬
園田音右エ門
鈴木彦一郎
新野兵蔵
服部竹次郎
御深井丸御番人
慶雲軒
山王
兼松又兵エ
東原慶次郎
田村八右エ門
巳村助三郎
御先手同心
神谷荻次郎
地方小吏
御先手同心
同
練武場
鈴木鉱蔵
大森庄九郎
佐藤熊次郎
長谷川金十郎
徳光
武藤辰八
田中吉三郎
立合役
御旗之者
平岩紋之進
服部鐵吉
市ハシ新重郎
御先手小吏
半橋本左エ門
高木官太夫
遠山三吾
廣沢三郎右エ門
成田権内
岩本久三郎
御持頭小吏
三輪留之進
天野外平太
林良益
福住楢蔵
中川準吉
興平義武三
六軒屋
野中一三郎
喜六郎
八木
半左エ門
魚住
川澄三五郎
吉田隺松
石川定四郎
沖金之丞
津田助三郎
太田加右エ門
御持頭小吏
御先手小吏
鈴木鍵治
岡田小平治
伊藤作十郎
沢登新吾
井上左太郎
下条録三郎
近藤鎮平
大津春作
片野藤助
早川小二郎
後藤
吉野
不破
甘利
新組小吏
伊達貫次郎
箕浦鎌五郎
板長屋
松平竹蔵
御廟番
市村詮蔵
馬場楢右エ門
石川六右エ門
支配勘定
御廟番
支配勘定
奥田傳蔵
黒田半左エ門
御廟番
阿知波
角田市左エ門
萩原久太夫
菊池
木部喜三八郎
成瀬庄三郎
竹川
長坂蔵吉
眞野直次郎
赤井金平治
千村鍋蔵
伊賀十兵エ
福尾右兵エ
中西孫八郎
斉藤鐘五郎
森三敬
平岩左太夫
宮崎久三
三輪文平治
足立八郎
小林八右エ門
小野平八
小塩喜兵エ
神間金五郎
長瀬久右エ門
坂嘉兵エ
細井半九郎
大野善八
山田金三郎
斉藤弥五六
木村平内
小林金三郎
野呂瀬弥二郎
上泉立次郎
武内誘三郎
山本幸兵エ
青木伊平治
麻加藤八郎
丹羽定三郎
御先手小吏
同
御手筒小吏
御先手小吏
井上定一郎
代田喜三郎
イナ垣
小川半兵エ
加藤定四郎
同
大森錠蔵
松原武吉
神谷半一郎
桜井
久宮豊左エ門
赤尾新治
服部金吾
福住彦左エ門
御先手小吏
新井
櫻井
柴田銈吉
寶林寺
大円寺
御先手小吏

0 100 200m

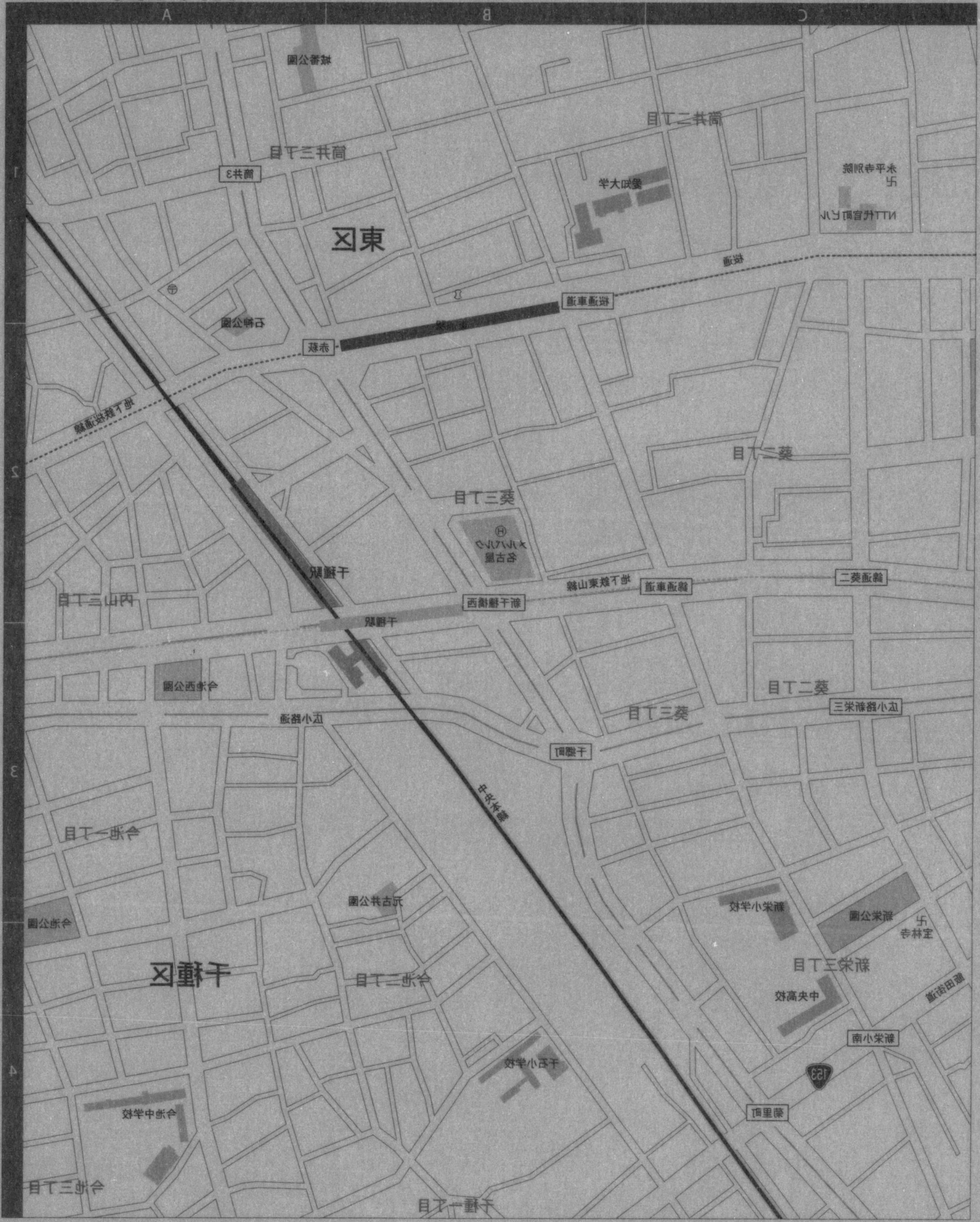

03
A
B
C
1
2
3
4
城番公園
筒井三丁目
筒井3
東区
愛知大学
永平寺別院
NTT代官町ビル
桜通
桜通車道
高岳
石神公園
赤萩
地下鉄桜通線
葵三丁目
メルパルク名古屋
千種駅
内山三丁目
地下鉄東山線
錦通車道
新千種橋西
錦通葵二
今池西公園
広小路通
葵二丁目
広小路新栄三
千郷町
中央本線
今池一丁目
元古井公園
今池公園
新栄小学校
新栄公園
宝林寺
千種区
今池二丁目
新栄三丁目
中央高校
飯田街道
新栄小南
千石小学校
153
今池中学校
菊里町
今池三丁目
千種一丁目

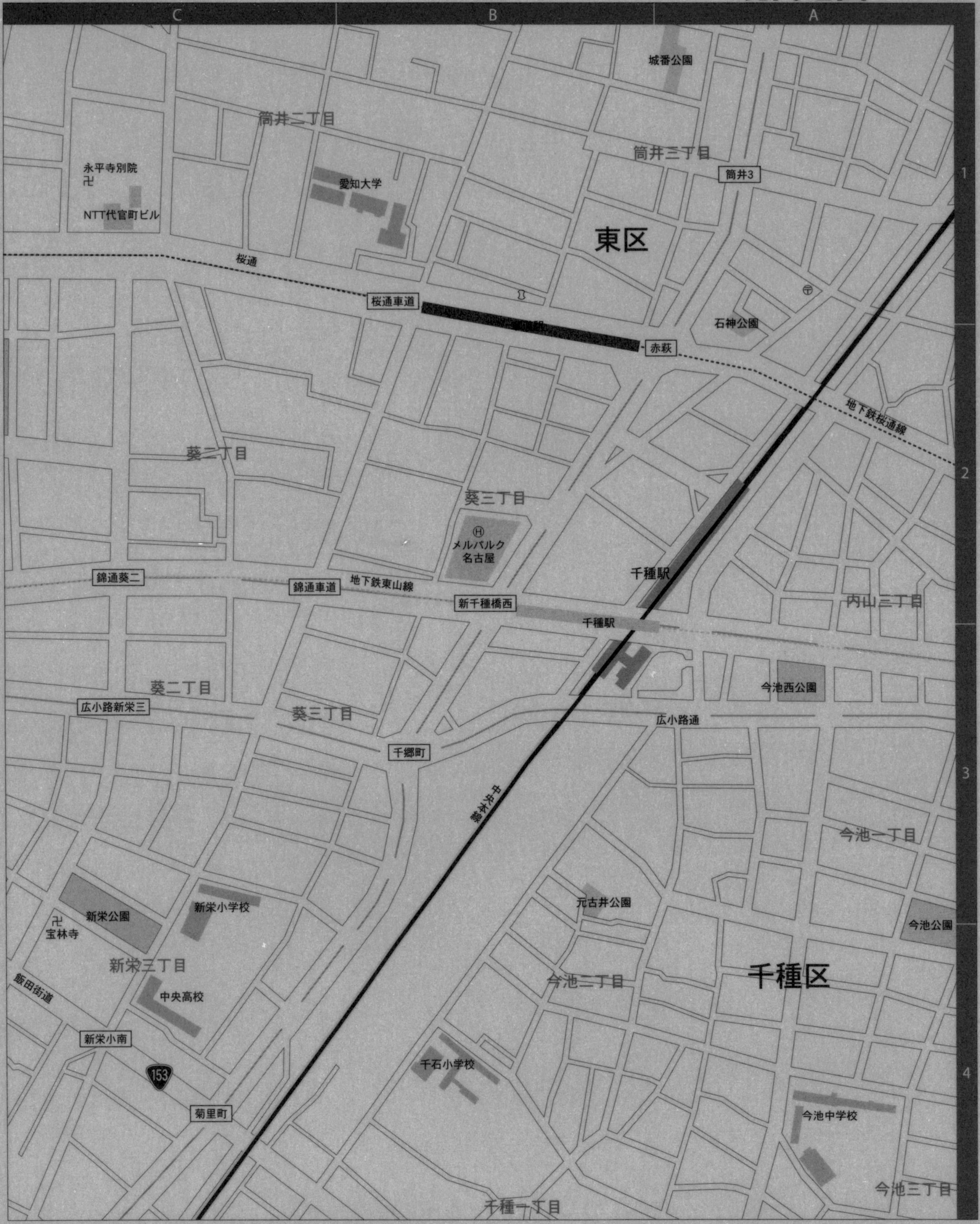
0
100
200m
03
C
B
A
1
2
3
4
城番公園
筒井二丁目
筒井三丁目
筒井3
永平寺別院
卍
愛知大学
NTT代官町ビル
東区
桜通
桜通車道
石神公園
赤萩
地下鉄桜通線
葵二丁目
葵三丁目
メルパルク
名古屋
千種駅
錦通葵二
錦通車道
地下鉄東山線
新千種橋西
内山三丁目
千種駅
今池西公園
葵二丁目
広小路新栄三
葵三丁目
広小路通
千郷町
中央本線
今池一丁目
新栄公園
卍
宝林寺
新栄小学校
元古井公園
今池公園
新栄三丁目
飯田街道
中央高校
今池二丁目
千種区
新栄小南
153
千石小学校
菊里町
今池中学校
今池三丁目
千種一丁目

現代地図 No.08

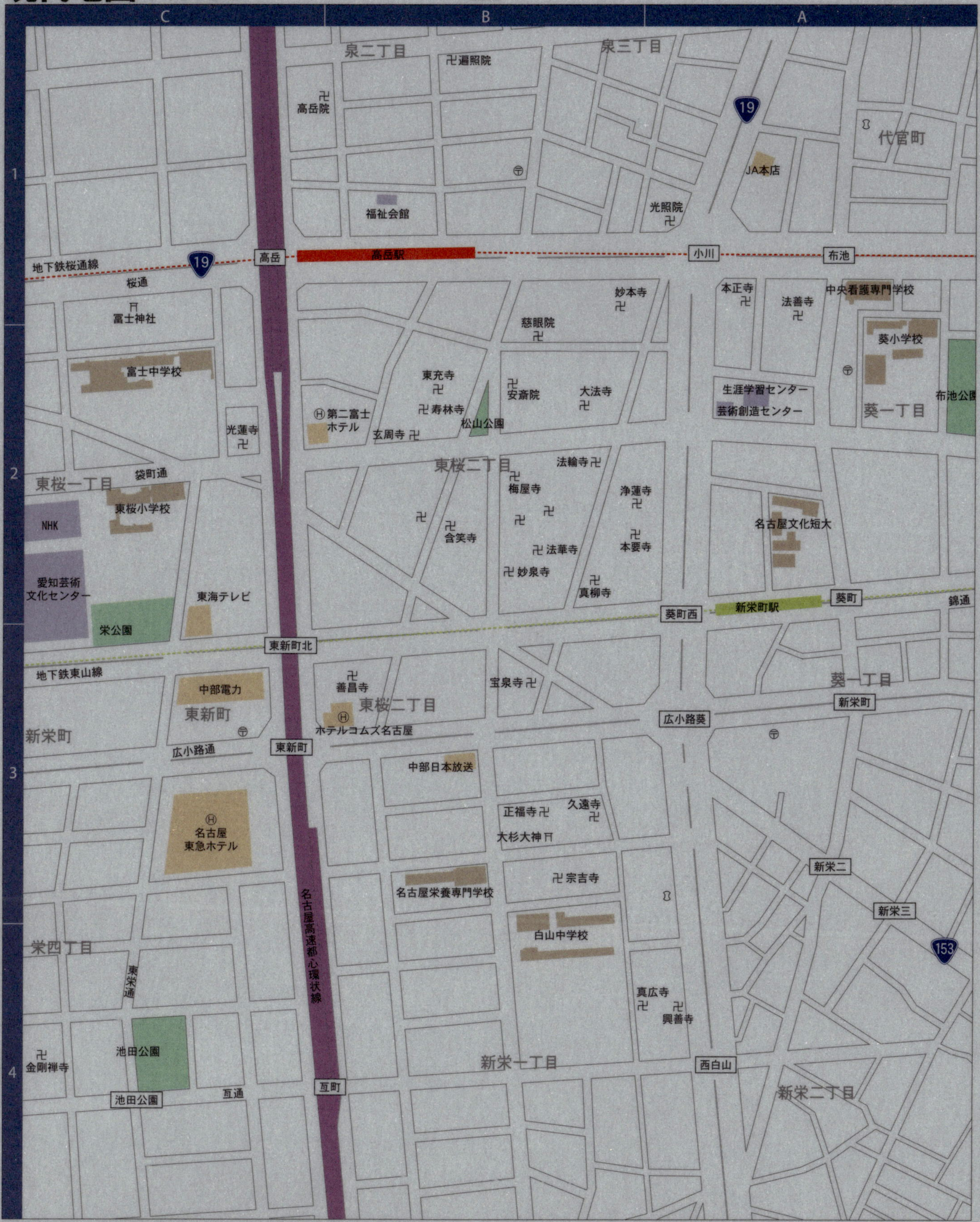

04
C
B
A
1
2
3
4
05
09
泉二丁目
泉三丁目
遍照院
高岳院
代官町
JA本店
福祉会館
光照院
地下鉄桜通線
高岳
高岳駅
小川
布池
桜通
妙本寺
本正寺
法善寺
中央看護専門学校
冨士神社
慈眼院
葵小学校
冨士中学校
東充寺
安斎院
大法寺
生涯学習センター
芸術創造センター
布池公園
葵一丁目
第二富士ホテル
寿林寺
松山公園
玄周寺
光蓮寺
東桜二丁目
法輪寺
梅屋寺
浄蓮寺
東桜一丁目
袋町通
東桜小学校
NHK
含笑寺
本要寺
名古屋文化短大
法華寺
妙泉寺
真柳寺
愛知芸術文化センター
東海テレビ
栄公園
葵町西
新栄町駅
葵町
錦通
東新町北
地下鉄東山線
善昌寺
宝泉寺
葵一丁目
中部電力
東新町
東桜二丁目
新栄町
新栄町
広小路葵
ホテルコムズ名古屋
広小路通
東新町
中部日本放送
正福寺
久遠寺
名古屋東急ホテル
大杉大神
新栄二
宗吉寺
名古屋栄養専門学校
新栄三
白山中学校
栄四丁目
東栄通
名古屋高速都心環状線
153
真広寺
興善寺
池田公園
金剛禅寺
新栄一丁目
西白山
新栄二丁目
池田公園
互通
互町
19

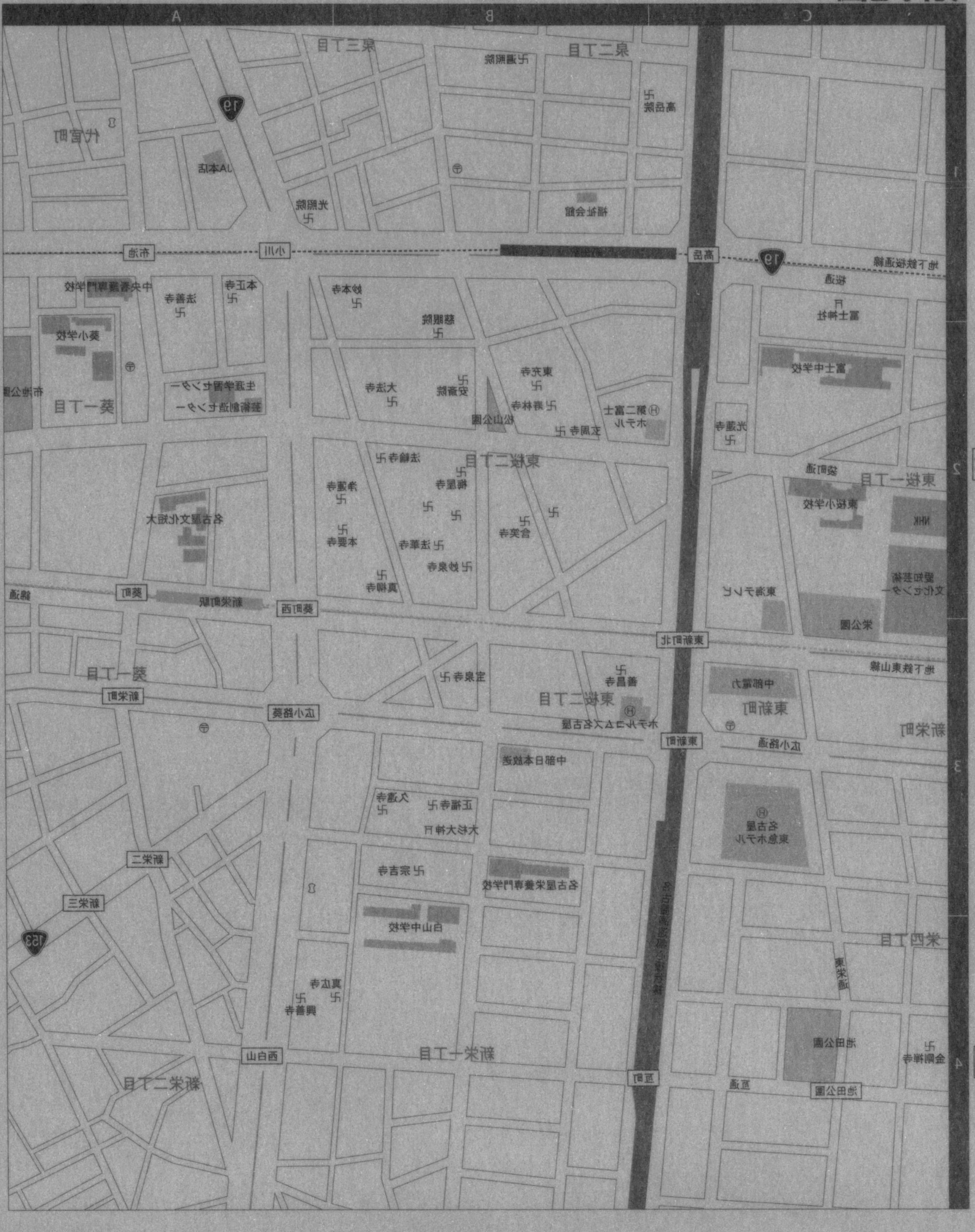
04
05
09
泉三丁目
泉二丁目
遍照院
高岳院
代官町
JA本店
光照院
福祉会館
市役
小川
高岳
地下鉄桜通線
桜通
冨士神社
中央看護専門学校
本正寺
法善寺
妙本寺
慈眼院
葵小学校
富士中学校
東充寺
大法寺
安斎院
生涯学習センター
芸術創造センター
松山公園
専林寺
第二富士ホテル
玄周寺
光蓮寺
葵一丁目
東桜二丁目
法輪寺
浄運寺
極楽寺
名古屋文化短大
含笑寺
本要寺
法華寺
妙泉寺
東桜一丁目
東桜小学校
NHK
愛知芸術文化センター
東海テレビ
栄公園
葵町
新栄町駅
葵町西
錦通
東新町北
地下鉄東山線
中部電力
番昌寺
宝泉寺
東新町
新栄町
葵広小路
広小路通
中部日本放送
久遠寺
正福寺
大杉大神
名古屋東急ホテル
新栄二
宗吉寺
名古屋栄養専門学校
新栄三
白山中学校
栄四丁目
東栄通
真広寺
興善寺
池田公園
金剛禅寺
白山西
新栄一丁目
新栄二丁目
19
153

江戸尾張地図 No.08

C
B
A
1
2
3
4
梶原弥市右エ門
稲葉林太夫
加藤文次郎
阪井新九郎
河村藤蔵
長阪要一郎
酒井三郎左エ門
小島藤一郎
稲葉七蔵
稲葉小左エ門
阿知波角内
石川理吉
鹿取庄太郎
大嵜六右エ門
蛯江弥左エ門
小笠原藤左エ門
平岩五右エ門
鈴木房五郎
三浦太郎兵エ
服部重三郎
持名山高岳院
浄峯院
助正院
如月院
加藤政右エ門
遍照院
忠織田右エ門
熊沢
磯田
横井小平治
平岩小助
飯沼弥右エ門
今泉新蔵
森本荘三郎
熊沢与三郎
大田三之右エ門
松村
御比丘尼
廣瀬
岩本鐐五郎
津金宮鉢
朝岡内匠
小尾善三郎
毛利竹助
吉田助次郎
山本直之丞
湯本善三郎
岩田英二郎
山岡鉞次郎
佐藤新之右エ門
原連次郎
横井此右エ門
横田卯三太
細野新之助
内藤■之み
原八九郎
本多五郎
志水仁三郎
三尾銀次郎
秦式二郎
河内鎗次郎
黒部新八
市川甚一郎
大島熊次郎
大沢新七郎
服部哲三郎
松村新五左エ門
飯島斧吉
海野
飯田林右エ門
山上甚之丞
同 文十郎
加藤前三郎
同半田市兵エ
同小兵エ
山上清八郎
林藤八郎
川ズミ早之助
堀田小六
柳原繁二郎
水野彦三郎
和田茂右エ門
甚松右平門
荒川宗太郎
武藤寛太郎
大久保
水谷太郎
荒川孫吉
同鈴木兵エ
斧蔵
光照院
女中養生場
園田
土屋惣太夫
本間位吉
天野与七郎
佐久間十郎兵エ
各務五八郎
津田藤四郎
石黒善九郎
常題目本立寺
中根
魚住善二
木村善次郎
下方弥左エ門
浜島熊吉
伊部弥左エ門
佐倉栄次郎
山村万吉
倉林金七郎
正木文蔵
竹田
平岩三郎
五味
勝野釜之丞
磯貝取三郎
磯貝介三郎
不破徳五郎
須賀銀十郎
金森竹八郎
佐藤
茂三郎
日江井
岸上勘十郎
蓮華寺
聚福院
本正寺
大橋
市川分左エ門
冨士権現
井上鍋次郎
熊井儀三郎
棚橋介三郎
吉村義三郎
敬礼寺延三郎
小畑武一郎
手ツカ
小野沢太郎
藤森七本郎
村田吉太夫
舎人
津田辰三郎
勝野駒次郎
毛利宇八郎
大橋薪三郎
大永軒
慈眼院
妙本寺
壽元寺
杉山藤九郎
石川孫二郎
本多金二郎
赤堀次郎兵エ
本間孫四郎
就梅院
妙泉寺
小出半四郎
里見庄兵エ
大津亥之助
津田半助
糸瓜薬師東充寺
安齊院
大法寺
大島久吉
平岩次郎助
連勝寺
山田又次郎
岡本惣兵エ
林松寺
御下屋敷
重正寺
渡辺弥三郎
梅屋寺
法輪寺
本成寺
河野勝四郎
光蓮寺
津金十次郎
玄周寺
磯貝清二郎
森本竹三郎
大久保鎌次郎
西蓮寺
祖師堂照遠寺
浄蓮寺
都筑八三郎
梶小二郎
岡本八二郎
今村鍬吉
含笑寺
石川八十五郎
御小人目付
西尾鉄次郎
長野藤次郎
山田彦内
本要寺
高間彦左エ門
法華寺
稲葉右膳
粕谷惣左エ門
鈴木重蔵
立家吉二郎
直柳寺
小山鉛二郎
鈴木信之矛
服部喜八郎
小川五郎三郎
玄如院
川澄理兵エ
藤村
磯松正九郎
栃野草吉
副田名左エ門
聖徳寺
控
本住寺
酒井祐九郎
服部儀之助
小畑孫十郎
堀意三郎
朝岡弥三郎
永安寺
宗円寺
天野熊二
坂野逸平二
毛利百二郎
宝泉寺
国枝龍蔵
杉本鈴左エ門
茜部小五郎
久世菊二郎
加藤勘十郎
善昌寺
清水金左エ門
各務次郎兵エ
野嵜伊三郎
照運寺
大ハシ清兵エ
三浦藤左エ門
小出書三郎
同 小平二
秋元鉄之助
常徳寺
乾徳寺
児島市郎左エ門
竹尾荒之助
舎人将監
土屋新兵エ
弓場勘三郎
横地久太夫
曹流寺
長全寺
庄楠兵エ
宗渡八辺
木村藤十郎
鈴木太郎兵エ
鳥居儀兵エ
天野釘二郎
松井弥左エ門
宮サキ鐐次郎
久世明衛
鳥居与二郎
牧野順三郎
阿部覺蔵
吉川孫六
武藤鉄吉
慈雲院
忠善院
泰増寺
野嵜鍋吉
櫻井市蔵
廣徳寺
松徳寺
法導寺
御先手小吏
岡部与五郎
鳥井新右エ門
馬場連之助
大田慶次郎
松井次郎兵エ
久遠寺
加藤善三郎
山嵜織部
鈴木小平治
中村半五郎
菊池良八郎
南部弥六
證誠寺
長栄寺
千葉寺
正福寺
辰巳長左エ門
辻勘兵エ
吉岡弥五左エ門
荒川
飯島
林喜三郎
淺井茂左エ門
滝川鉾一郎
今井武四郎
宋吉寺
森鉾三郎
駒林勘十郎
太田半之丞
尾関冨三郎
跡部七右エ門
妙蓮寺
近松彦之進
真如院
本源院
御手筒小吏
小笠原又八郎
小笠原権之丞
佐々銀次郎
酒井七左エ門
遠山彦四郎
鈴木定吉
岡嵜新吾
朝比奈甚之丞
小泉由平
御天守組
円教寺
御先手小吏
地方勘定方小吏
太田軍太郎
村田幾三郎
森寺玖二郎
酒井斧二郎
白山
林喜五郎
若尾治八郎
長屋金三郎
威音院
岡田新七郎
山本慎右エ門
須賀長五郎
土岐新之丞
水野彦之進
尾嵜半内
安井
神間
川口勇馬
御先手小吏

江戸尾張地図 No.09

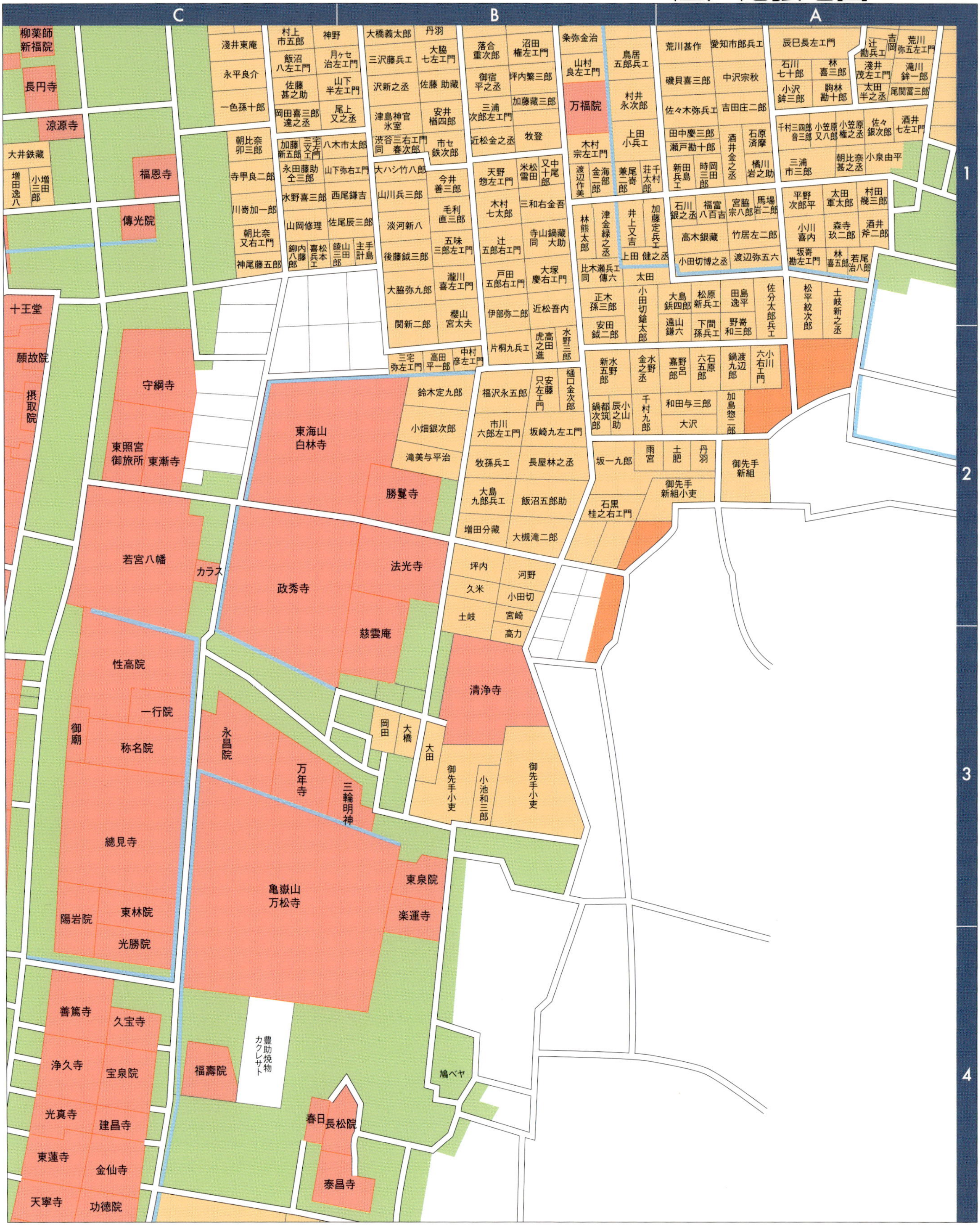
C
B
A
1
2
3
4
柳薬師
新福院
長円寺
涼源寺
大井鉄蔵
増田逸八
小増田三郎
福恩寺
傳光院
浅井東庵
永平良介
一色孫十郎
村上市五郎
神野
飯沼八左エ門
月ヶセ治左エ門
佐藤甚之助
山下半左エ門
岡田喜三郎
達之丞
尾上又之丞
大橋義太郎
丹羽
三沢藤兵エ
大脇七左エ門
沢新之丞
佐藤 助蔵
津島神官
氷室
安井楢四郎
落合重次郎
沼田権左エ門
御宿平之丞
坪内繁三郎
三浦次郎左エ門
加藤蔵三郎
近松金之丞
牧登
粂弥金治
山村良左エ門
万福院
鳥居五郎兵エ
村井永次郎
木村宗左エ門
上田小兵エ
荒川甚作
愛知市郎兵エ
磯貝喜三郎
中沢宗秋
佐々木弥兵エ
吉田庄二郎
田中慶三郎
瀬戸勘十郎
酒井金之丞
石原済摩
辰巳長左エ門
辻勘兵エ
吉岡
荒川弥五左エ門
石川七十郎
林喜三郎
浅井茂左エ門
滝川鉾一郎
小沢鉾三郎
駒林勘十郎
太田半之丞
尾関冨三郎
千村三四郎
音三郎
小笠原又八郎
小笠原権之丞
佐々銀次郎
酒井七左エ門
朝比奈卯三郎
加藤新五郎
三宅又左エ門
八木市太郎
渋谷三右エ門
同 春次郎
市セ鉄次郎
寺甲良二郎
永田藤助
仝三郎
山下弥右エ門
大ハシ竹八郎
今井善三郎
天野物左エ門
米松雪田
又中十尾郎
渡辺作美
金海二部郎
兼尾二嵜郎
荘千太村郎
新田島兵エ
時岡三田郎
橘川岩之助
三浦市三郎
朝比奈甚之丞
小泉由平
川嵜加一郎
水野喜三郎
西尾鎌吉
山川兵三郎
毛利直三郎
木村七太郎
三和右金吾
林熊太郎
津金緑之丞
井上又吉
加藤定兵エ
石川銀之丞
福富八百吉
宮脇宗八郎
馬場岩二郎
平野次郎平
太田軍太郎
村田機三郎
朝比奈又右エ門
山岡修理
佐尾辰三郎
淡河新八
五味三郎左エ門
辻五郎右エ門
寺山鍋蔵
同 大助
高木銀蔵
竹居左二郎
小川喜内
森寺玖二郎
酒井斧二郎
神尾藤五郎
御内八郎
喜松本兵エ
鍍山三田郎
主手計島
後藤鉞三郎
上田 健之丞
小田切博之丞
渡辺弥五六
坂嵜勘左エ門
林喜五郎
若尾治八郎
大脇弥九郎
瀧川喜左エ門
戸田五郎右エ門
大塚慶右エ門
比木瀬兵エ
同 傳六
太田
十王堂
関新二郎
櫻山宮太夫
伊部弥二郎
近松吾内
正木孫三郎
小田切鎗太郎
大島鉄四郎
松原新兵エ
田島逸平
佐分太郎兵エ
松平紋次郎
土岐新之丞
遠山鎌六
下間孫兵エ
野嵜和三郎
願故院
三宅弥左エ門
高田平一郎
中村彦左エ門
片桐九兵エ
虎高之進
水野三郎
安田鉞二郎
新水五野郎
金水之野丞
嘉野一呂郎
六石五原郎
鍋渡九辺郎
六小右川エ門
守綱寺
摂取院
鈴木定九郎
福沢永五郎
只安左藤エ門
樋口金次郎
鍋都次筑郎
辰小之山助
千村九郎
和田与三郎
加島惣三郎
東海山
白林寺
小畑銀次郎
市川六郎左エ門
坂崎九左エ門
大沢
東照宮
御旅所
東漸寺
滝美与平治
牧孫兵エ
長屋林之丞
坂一九郎
雨宮
土肥
丹羽
御先手
新組
勝鬘寺
大島九郎兵エ
飯沼五郎助
御先手
新組小吏
石黒桂之右エ門
増田分蔵
大槻滝二郎
若宮八幡
カラス
政秀寺
法光寺
坪内
河野
久米
小田切
土岐
宮崎
高力
慈雲庵
性高院
清浄寺
一行院
御廟
称名院
岡田
大橋
大田
永昌院
万年寺
三輪明神
御先手小吏
小池和三郎
御先手小吏
總見寺
亀嶽山
万松寺
東泉院
楽運寺
陽岩院
東林院
光勝院
善篤寺
久宝寺
浄久寺
宝泉院
福壽院
豊助焼物
カクレサト
鳩ベヤ
光真寺
建昌寺
春日
長松院
東蓮寺
金仙寺
泰昌寺
天寧寺
功徳院

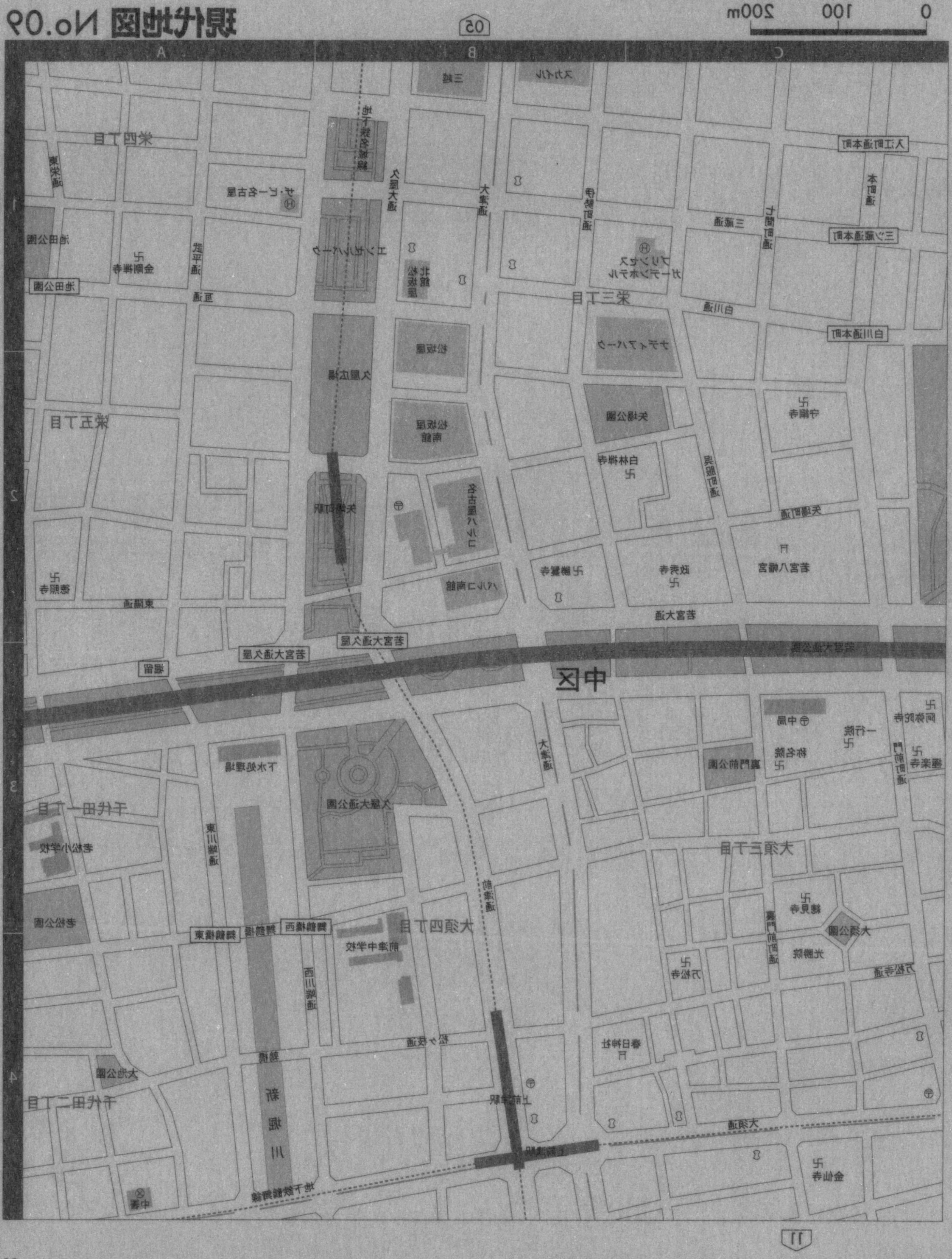
0
100
200m
05
A
B
C
08
11
栄四丁目
東栄通
ザ・ビー名古屋
池田公園
金剛禅寺
武平通
池田公園
呉服町通
栄五丁目
徳照寺
東陽通
堀留
若宮大通久屋
千代田一丁目
老松小学校
老松公園
舞鶴橋東
舞鶴橋
舞鶴橋西
大池公園
千代田二丁目
新堀川
中署
地下鉄鶴舞線
下水処理場
久屋大通公園
前津中学校
大須四丁目
西川端通
東川端通
松ヶ枝通
上前津駅
大津通
地下鉄名城線
久屋大通
エンゼルパーク
北松坂屋
松坂屋
久屋広場
松坂屋南館
矢場町駅
ロフト名古屋パルコ
パルコ南館
三越
スカイル
大津通
伊勢町通
プリンセスガーデンホテル
栄三丁目
ナディアパーク
矢場公園
白林禅寺
勝鬘寺
政秀寺
若宮八幡
矢場町通
守綱寺
白川通
白川通本町
三蔵通
七間町通
本町通
三ツ蔵通本町
入江町通本町
若宮大通
若宮大通公園
中区
中局
阿弥陀寺
一行院
極楽寺
門前町通
裏門前公園
大須三丁目
総見寺
大須公園
光勝院
万松寺
万松寺通
裏門前町通
春日神社
大須通
金仙寺

0
100
200m
05
08
11
C
B
A
1
2
3
4
スカイル
三越
入江町通本町
栄四丁目
地下鉄名城線
久屋大通
大津通
伊勢町通
本町通
七間町通
三蔵通
三ツ蔵本町
ザ・ビー名古屋
東栄通
池田公園
プリンセスガーデンホテル
エンゼルパーク
松坂屋北館
武平通
金剛禅寺
池田公園
栄三丁目
白川通
白川通本町
互通
ナディアパーク
松坂屋
久屋広場
守綱寺
矢場公園
松坂屋南館
栄五丁目
呉服町通
白林禅寺
名古屋パルコ
矢場町駅
矢場町通
若宮八幡宮
政秀寺
勝鬘寺
パルコ南館
徳照寺
東陽通
若宮大通
若宮大通久屋
若宮大通公園
若宮大通久屋
堀留
中区
阿弥陀寺
中局
一行院
称名院
極楽寺
門前町通
裏門前公園
大津通
下水処理場
久屋大通公園
千代田一丁目
東川端通
老松小学校
大須三丁目
総見寺
前津通
大須公園
裏門前町通
大須四丁目
舞鶴橋西
舞鶴橋
舞鶴橋東
老松公園
光勝院
前津中学校
万松寺通
万松寺
西川端通
松ヶ枝通
春日神社
鶴橋
大池公園
新堀川
上前津駅
千代田二丁目
大須通
上前津駅
金仙寺
地下鉄鶴舞線
中署

現代地図 No.10

06

11

90
A
B
C
広小路伏見
広小路通
納屋橋東
納屋橋
伏見駅
ヒルトン
名古屋クラウンホテル
新名古屋ミュージカル劇場
栄二丁目
栄一丁目
中区
三蔵
三蔵通
天王崎橋東
名駅南二
長者町通
桑名町通
白川通
名古屋市科学館
白川公園
名古屋市美術館
伏見通
地下鉄鶴舞線
呉服町通
中ノ町通
仲ノ町公園
栄小学校
洲崎神社
堀川
長圓寺
若宮北
若宮大通
新洲崎橋西
名古屋高速東山線
若宮南
新洲崎JCT
日出神社
テレビ愛知
清安寺
大光院
大須観音駅
大須一丁目
大須二丁目
北野神社
那古野山公園
大須観音
(真福寺)
西大須公園
大須小学校
白山神社
若井橋東
大須通
仁王門通
善光寺
七寺
西大須
大須
本願寺名古屋別院
(西別院)
門前町
妙蓮寺
薬師寺
松原一丁目
山神社
日置橋東
日置橋
松重町
名駅南三丁目
名古屋高速都心環状線
11

江戸尾張地図 No.10

C
B
A
1
2
3
4
納屋橋
田邊金五郎
志村
志村
永林寺
正木
半田
野嵜藤六郎
高須御蔵
同丹羽弥三郎
司太夫
水谷
新野久太夫
八郎兵工
小田切
倉地吉次郎
服部沢右エ門
黒田六二郎
林酒井左エ門
助山本左エ門
平岩瀬兵工
三野サキ郎右エ門
水野順三郎
岡本鉱三郎
柴山留吉
吉田喜一郎
鳥居与惣左エ門
西郷重太夫
五味元左エ門
津田五十吉
萩野金吾
石原甚兵エ
長尾午内
左右田助八郎
野村弁蔵
鈴木彦七郎
大窪仁兵エ
岡部藤左エ門
小野善之丞
毛利半二郎
中山杢作
恩田武三郎
河村惣十郎
山田善八
松井傳兵エ
長野九郎太
佐治六四郎
成瀬久平二
中沢
野嵜藤吉
松井惣兵エ
中川庄藏
高木常之丞
星野武二郎
御友角三郎
近藤新八郎
江原鍋吉
大沢
川方伴兵エ
中野惣三郎
高橋民之助
山サキ英三郎
樋口金次郎
一色庄兵エ
小森甚次郎
一色重太夫
林四郎兵エ
松井武兵エ
御蔵
水野伴左エ門
林小八郎
湯本永六
五味三郎
堀田武二郎
佐藤爲次郎
鈴木五郎兵エ
庵原助左エ門
渡辺鶴三郎
五味傳左エ門
中村虎之助
大野孫三郎
市橋新内
宮嵜七次郎
三杉山郎兵エ
妙行寺
林弥左エ門
山田静馬
東光寺
舎人嘉兵エ
岩田彦一郎
大田十郎
一色太郎
海部善二郎
千手院
蓮花寺
石川吉次郎
佐藤正二郎
三村幸八
間宮伴左エ門
岩付源三郎
今泉小十郎
小野正次郎
寄田喜三郎
石井八郎治
吉田孫兵エ
南部十一助
角田久次郎
小川平左エ門
神谷平右エ門
今井佐右エ門
梶原幸吉
鈴木新兵エ
朝倉市太郎
平尾八十吉
尾崎儀平
服部与一郎
浅井四郎兵エ
川合小兵エ
下方左近治
光明寺
八角堂
法藏寺
安井喜一
都筑正三郎
恒河行馬
永田源三郎
石川忠治
山口作左エ門
粕谷子胤右エ門
野呂新吾
長阪三十郎
上野孫八郎
桂林竹助
酒井吉之進
佐枝金市
隆正寺
安田吾兵エ
岩松左エ門
尾嵜太郎兵エ
筒井富三郎
中川庄兵エ
田中鉱太郎
長屋三左エ門
鈴木勝二郎
白石直三郎
養林寺
壽経寺
御普請方役所
守サキ七太郎
西村鑄三郎
桜木助右エ門
林金之助
梶川橘輔
同 又兵エ
岡本喜兵エ
山本
又上兵野
同千賀虎与八郎吉
大沢弥一
吉田角鞠
加藤宮太郎
津田斧三郎
平岩十右エ門
長阪傳六郎
同 又兵エ
水野治部之丞
大塩九郎兵エ
大林寺
誓願寺
奥平定作
ヒロセ慶次郎
飯尾助之右エ門
平岩五郎三郎
高力善三郎
東條覚左エ門
浅野弥一郎
加藤錦吾
西光院
大津久三郎
清水斧太郎
朝岡徳平
四宮介三郎
奥平一左エ門
水谷助六
加藤誠兵エ
服部吉十郎
法應寺
仙昌院
清峯院
天王
朝倉久左エ門
津田鉄太郎
織田大作
鈴木久太夫
鈴木淺右エ門
吉田猿松
肥田鉄六
岩本繁十郎
近藤助吉
吉田東吾郎
山本鎌三郎
海部
弥左エ門
神谷
千賀吉弥
竹中善太夫
大運寺
尋盛寺
長円寺
谷口弓人
金子順彦
稲坂鋭藏
飯沼五郎左エ門
淺野文九郎
富永金七
神谷順三郎
戸田八左エ門
加藤廣一郎
道元定三郎
弥岡右エ門
庚申
御船手役所
岩屋延吉
喜島四郎
山本五郎兵エ
石川助之右エ門
田中鉄弥
建部
成瀬新藏
朝倉鐘七
辰己吉郎
吉田五兵エ
里見鉱五郎
松江三平郎
十松兵キ井エ
徳林寺
瑞宝寺
坂井儀之丞
丹羽宮太郎
吉原清左エ門
天道
法藏寺
阿弥陀寺
成瀬比佐之丞 控
役割御先手小吏
石川家中内田善藏
御先手小吏
大乗院
極楽寺
御水主
森村
内事参政小吏
下條数馬 控
堀川
同
清安寺
聖運寺
滝川亀松 控
大光院
勝野久次郎
同
大道寺玄蕃 控
渡辺万右エ門
川嵜爲弥
陽秀院
伊木村左エ門
御先手小吏
役割御先手小吏
靭負
遠山靭負 控
大須観音
北野山
真福寺
清壽院
小笠原三郎右エ門 控
白山
御先手小吏
横井牛之助 控
御先手小吏
丹羽武左エ門
同
石河 控
五味嘉兵エ
一乗院
長福寺
七ツ寺
津田太郎兵エ 控
奥田武彦 控
松井藤藏
山澄武部 控
神紙方小吏
石河佐渡 控
西本願寺
掛所
間宮外記
日置橋
顕性寺

江戸尾張地図 No.11

C
B
A
1
2
3
4
顕性寺
金仙寺
天寧寺
功徳院
安用寺
龍雲寺
全香寺
来迎寺
首題寺
御持頭小吏
大野弦次郎
阿部主膳控
敬円寺
徒然寺
観福寺
万福寺
大道寺玄蕃 控
高顕寺
千本松八幡
七面山妙善寺
参政支配之者
千日堂
梅香院
経堂経王寺
長榮寺
軍事奉行小吏
天王坊下屋敷
大佛榮國寺
大脇平治
御先手小吏
横井伊折介 控
延廣寺
崇覚寺
御様シ物場
東輪寺
東本願寺掛所
犬見堂法浄寺
山王稲荷
廣見原
洞仙寺
御先手小吏
御船手新組
大泉寺
善正寺
軍事奉行小吏
傳正寺
闇森八幡
東海寺
十王
釈迦
地蔵
古渡橋
堀川
妙住寺
靈仙寺
松尾明神
榊ノ森

0 100 200m
09
10
A
B
C
1
2
3
4
門前町
上前津一丁目
龍雲寺
安用寺
全香寺
妙蓮寺
法然寺
水晶院
敬円寺
万福寺
門前町
松原二丁目
NTT東海総合病院
日置神社
高顕寺
生涯学習センター
中区
橘一丁目
妙善寺
松重橋東
梅香院
長栄寺
橘小学校
松原
伏見通
瑞正寺
松原小学校
栄国寺
松原三丁目
橘公園
東本願寺東別院
養覚寺
松原公園
橘二丁目
愛知産業大工高
車輪寺
山王橋東
名古屋高速都心環状線
下茶屋公園
大津通
古渡町
山王通
古渡稲荷神社
名古屋テレビ放送
堀川
東別院
洞仙寺
正木一丁目
伊勢山一丁目
東別院
正木小学校
19
神明社
古渡町
正木公園
信昌寺
平和小学校
正木二丁目
闇森八幡社
平和一丁目
伊勢山二丁目
東海寺
照見寺
古渡橋東
葉場公園
古渡橋
伊勢山中学校
九丁堀
盛興寺
市民会館北
古沢公園
龍泉寺
妙住寺
榊森白山神社
市民会館
正木三丁目
長岡公園
金山二丁目

0 100 200m
10
09
C
B
A
1
2
3
4
水昌院
妙蓮寺
門前町
安用寺
龍雲寺
上前津一丁目
法然寺
敬円寺
全香寺
万福寺
門前町
松原二丁目
NTT東海総合病院
日置神社
高顕寺
生涯学習センター
松重橋東
中区
橘一丁目
妙善寺
梅香院
長栄寺
松原
橘小学校
順正寺
松原小学校
伏見通
栄国寺
松原三丁目
崇覚寺
東本願寺
東別院
橘公園
松原公園
愛知産業大工高
橘二丁目
山王橋東
車輪寺
名古屋高速都心環状線
古渡町
下茶屋公園
大津通
山王通
古渡稲荷神社
名古屋テレビ放送
堀川
洞仙寺
東別院駅
正木一丁目
伊勢山一丁目
正木小学校
東別院
19
神明社
正木公園
傳昌寺
古渡町
平和小学校
正木二丁目
闇森八幡社
照見寺
東海寺
伊勢山二丁目
平和一丁目
古渡橋東
葉場公園
古渡橋
伊勢山中学校
九丁堀
盛興寺
市民会館北
妙住寺
龍泉寺
古沢公園
地下鉄名城線
榊森白山神社
正木三丁目
市民会館
長岡公園
金山二丁目

江戸尾張を歩く

壮大な都市計画のもと、広大な原野に一大城下町が造られた
金鯱いただく壮麗なる城郭、にぎわう城下町
尾張名古屋・百花繚乱の300年を歩く

contents

白《しろ》羅紗《らしゃ》地《じ》唐獅子《からじし》牡丹《ぼたん》文《もん》火事《かじ》羽織《ばおり》
尾張七代藩主・徳川宗春(むねはる)の着用した火事装束。唐獅子牡丹の文様をあしらったもので、華美を好んだ宗春の性格を反映している
(徳川美術館蔵)

尾張を制すは日本を制す！

名古屋創世すごろく

東国と西国を結ぶ尾張は、古より日本を治める要衝として重視され、戦国時代には、数々の勢力が天下取りを競う激戦区となった。戦国尾張を年表でつぶさに眺めてみよう。ここに繰り広げられたドラマはまさに、名古屋の創世記だ。

ふりだし
初代・那古野城、成る！
大永4年 **1524**

駿河・遠江(とおとうみ)・三河を領有していた東海の雄、駿河の今川氏親(うじちか)が、都のある西方への前線として重要な意味を持つ、那古野台地の北端に那古野城を築城。氏親は愛息・氏豊を城主に据える

信長の父、那古野城をまんまと奪取
天文元年 **1532**

城主・今川氏豊に近付いた織田信秀(信長の父)は、城滞在のチャンスを得ると首尾よく自軍を城内に引き入れ攻め落とす。信秀、城主の座ゲット！

1回休み
カリスマ武将・信長、那古野城に誕生
天文3年 **1534**

戦国史界のスター・織田信長が生誕。3年後には尾張に豊臣秀吉が、8年後には隣国・三河に徳川家康が誕生

信長、清洲城をゲット
弘治元年 **1555**

国主の息子・斯波義銀(しばよしかね)が、信長を陥れようとしていること発覚。信長は義銀を清洲城から追放し自ら城主に

奇襲作戦が大成功！桶狭間の戦い
永禄3年 **1560**

清洲城攻略のため今川義元が出兵。信長は深夜に奇襲をかけ、2万5千の今川方に対しわずか3千騎で劇的勝利を手にする

2コマ進む
目指せ天下布武。信長、岐阜へ
永禄10年 **1567**

美濃の斎藤道三の娘を妻に持つ信長だが、義兄・斎藤義龍と激しく対立。その息子龍興の代に信長はついに稲葉山城を攻略。岐阜城と改名して入城し天下布武への道を歩み出す

信長、姉川の合戦で朝倉・浅井連合を破る
元亀元年 **1570**

2年前の朝倉攻めに失敗した信長は、再度、北近江に出陣、姉川で激しい合戦に。徳川家康も信長に請われて参戦

アイデア勝ち！長篠の戦い
天正3年 **1575**

武田勝頼vs徳川家康が激突。鉄砲を3回交替で撃ち、発砲までのタイムラグを解消。織田・徳川軍の鉄砲隊が武田の騎馬隊を粉砕

2コマ戻る
光秀謀反！ 本能寺の変勃発
天正10年 *1582*

明智光秀が謀反を起こし、京都の本能寺に宿泊している信長を急襲。信長は応戦するも、大軍にかなわず自刃（じじん）する

2コマ進む
秀吉、弔い合戦に勝利 天下取りへ一歩リード
天正10年 *1582*

本能寺の変を知った秀吉は合戦中の毛利氏と急いで和議を結んで京へ戻り、山崎の戦いで光秀を討つ。秀吉の力は絶大なものに

ふりだしに戻る
「跡継ぎは誰か？」でモメた清洲会議
天正10年 *1582*

信長の跡継ぎを決めるため清洲城に重臣が集結。秀吉は信長の嫡子にあたる信忠の子・秀信を推挙し、後見人として君臨。信雄は尾張、伊勢、伊賀を領有し、後に清洲城主となる

賤ヶ岳《しずがたけ》の勝利で 秀吉天下統一に チェックメイト！
天正11年 *1583*

織田信孝が秀吉を討つため滝川一益（たきがわかずます）と挙兵。信孝はあっけなく降伏するが一益はしぶとく戦い続ける。そこへ、柴田勝家が参戦し北近江の賤ヶ岳で秀吉軍と激突。秀吉が勝利する

1回休み
家康VS秀吉。 小牧、長久手《ながくて》の戦い
天正12年 *1584*

信長の次男・信雄（のぶかつ）が家康に支援を頼み秀吉に宣戦布告。小牧と長久手で両者は2度激突するが決着はつかないままに信雄は秀吉と講和。しぶしぶ家康も和した

関東を睨み、 秀次が清洲城主に
天正18年 *1590*

小田原の戦いで勝利して秀吉が天下統一。ライバルの家康は東北平定の報償に関東八州を拝領する。秀吉は関東の家康に睨みをきかせるため、甥の秀次を清洲城に転封

1コマ戻る
悲劇の果てに……。 福島正則、清洲へ
文禄4年 *1595*

秀吉は愛息・秀頼が誕生してから養子・秀次と関係が悪化。秀次は謀反の疑いをかけられ高野山へ追放、切腹を命じられる。秀次亡き後の清洲城には秀吉の忠心・福島正則が配された

2コマ戻る
秀吉、あれこれ 心配しながら永眠
慶長3年 *1598*

2度目の朝鮮出兵の最中に秀吉は伏見城で病没。遺言通りその死を隠したまま、撤兵の通達が出された

1回休み
関ケ原の勝利で 家康が天下統一!!
慶長5年 *1600*

覇権を狙う家康と豊臣政権の幹部・石田三成が対立し、アンチ三成の武将たちも家康について反目が激化。ついに東軍と西軍に分かれて関ケ原で激突、家康が勝利する

家康の四男、 大事な尾張を担当
慶長5年 *1600*

関ケ原の戦いで勝利した家康は福島正則を安芸広島に移し、秀忠と同腹の四男・松平忠吉を清洲城主に据えた。忠吉は尾張一国42万石の主となる

7歳の義直 尾張徳川家の藩祖に
慶長12年 *1607*

忠吉が病没し九男・義直が尾張に転封。義直はまだ7歳と幼いため、臣下が代理で政務。また、十男・頼宣と十一男・頼房は、それぞれ和歌山藩、水戸藩を任され、徳川御三家の藩祖に

あがり
名古屋城、築城決定！
慶長14年 *1609*

家康は清洲城の移転を決意し、移転先を名古屋に決定。さらに清洲の町を丸ごと移すというビッグプロジェクトも決断。これが現在の名古屋城と城下町の基礎となった

「織田信秀像」万松寺蔵、「織田信長像」神戸市立博物館蔵
「長篠合戦図屏風」（部分）大阪城天守閣蔵
「桶狭間合戦之図」（部分）豊明市教育委員会蔵、「豊臣秀吉像」高台寺蔵
「福島正則像」美和町歴史民俗資料館蔵
「関ケ原合戦図屏風」（部分）関ケ原町歴史民俗資料館蔵
「徳川家康像」栃木県立博物館蔵、「徳川義直木像」清涼院蔵
「名古屋離宮城之図」名古屋城管理事務所蔵

尾張那古野プロローグ。戦国武将たちの

国獲りものがたり

ニューヒーローを生んだ日本の中心地、尾張

本州のほぼ真ん中、北は若狭湾、南は伊勢湾が切れ込む最もくびれた部分にあたる尾張。東西に張り巡らされた交通網が集約する地で、古来、尾張や美濃の一帯は、日本を統《す》べる要衝として重要視されてきた。常に東西勢力が激突を繰り返し、戦国時代になると、ここ尾張や隣国の三河からは織田信長、豊臣秀吉、そして徳川家康という傑出した武将が続々と誕生。そして、京へ進出を計る強者たちがしのぎを削る舞台となる。

地政学的に日本の中心地である尾張の宿命ともいえる、ニューヒーローたちの登場であった。

信長、清洲を拠点に群雄割拠の尾張を制覇

戦国時代、尾張一帯には、なんと一〇〇以上もの城が乱立した。中でも尾張の中心に位置し、主要な街道が集約する清洲は最重要地であった。この清洲に最初に城を築いたのが、尾張守護として足利家親族に封じられた斯波《しば》氏である。尾張守護を担う斯波氏は、普段は京都に在住しており、尾張は守護代と呼ばれる臣下が統治。その臣下が織田氏であった。

この頃、尾張の東では駿河・遠江《とおとうみ》・三河を領する今川氏が勢力を拡大。今川氏親《うじちか》は斯波氏の衰微を狙って尾張に入り、那古野に城を築き、息子の氏豊《うじとよ》を配した。そこで尾張を守るため計略を働いたのが信長の父・織田信秀である。氏豊に従順な態度を装って親しくなり、那古野城滞在のチャンスを得るや否やこれまでの態度を豹変。決起して氏豊を追放し、略奪に成功した。そして三年後、後に戦国の覇者となる息子・信長が誕生する。

夢に終わった天下統一と清洲会議

父の死により、十八歳で家督を継いだ信長は、当初は大うつけ(大馬鹿者)として、一族にも離反者が相次ぐものの、やがて尾張国内の反対勢力を一掃するための統一行動を開始する。そして斯波義銀《よしかね》に代わり、清洲城の主となっていた織田信友を追放し、安定した地盤を手にした信長は、長らく対立していた今川氏をついに桶狭間《おけはざま》の戦いで討ち負かすことに成功。今川氏はこの戦いを機に没落し、三河・尾張両国の国境地帯の支配をめぐって争っていた織田・今川両氏の対立に決着がついた。やがて信長は美濃の斎藤龍興《たつおき》と戦って難攻不落の稲葉山城を陥れ、岐阜城と名を変え入城。天下統一の拠点とし、西方へと驀進《ばくしん》していく。

清洲が再び歴史に登場するのは、かの本能寺の変の後、重臣たちが清洲城に集結し、信長の跡目を話し合った清洲会議である。このとき次男と三男を押す重臣たちに反し、秀吉は本能寺の変で討たれた信長の嫡男の子・三法師《さんぼうし》を推挙。その裏には、自らが後見人である秀吉の野心が隠されていた。これが後の火種となり、織田方と豊臣方が対立する賤ヶ岳《しずがたけ》の合戦や小牧・長久《ながく》手《て》の戦いの遠因となる。

家康、天下を統一御三家筆頭、尾張藩の誕生

さて、信長亡き後の尾張であるが、本能寺の変が起きた天正十年(一五八二)頃に那古野城は廃されてしまったものの、清洲城を中心に変わらず天下統一の重要拠点であり続けた。

信長の次男・信雄《のぶかつ》は、勢力を拡大する秀吉に警戒心を抱き、家康と手を結び小牧・長久手の戦いで秀吉を相まみえ、この清洲城を堅守する。しかし小田原の戦いで秀吉が天下を統一すると、同城には豊臣家の甥・秀次が配された。その後も秀吉の忠臣・福島正則が配されるなど、清洲城は名だたる武将たちの居城となり、大都市として発展していく。

そして慶長五年(一六〇〇)、ついに天下分け目の関ヶ原の戦いが勃発。勝利した家康は、豊臣の残党勢力が東国に大挙して押し寄せるのを防ぐため、ここ清洲にわが子・松平忠吉《ただよし》を配した。

慶長十二年(一六〇七)には、忠吉の急死をきっかけに家康の九男・義直がわずか七歳で初代藩主に。二年後には、家康自らが義直を連れて尾張に入り、清洲に替わる徳川家の新たな居城として、名古屋城を築城。それは、徳川御三家筆頭・尾張藩の長い歴史の始まりでもあった。

「織田信長像」神戸市立博物館蔵
「豊臣秀吉像」高台寺蔵
「徳川家康像」栃木県立博物館蔵

戦国尾張・国獲り合戦MAP

※城主の変遷は主要な人物のみ表記

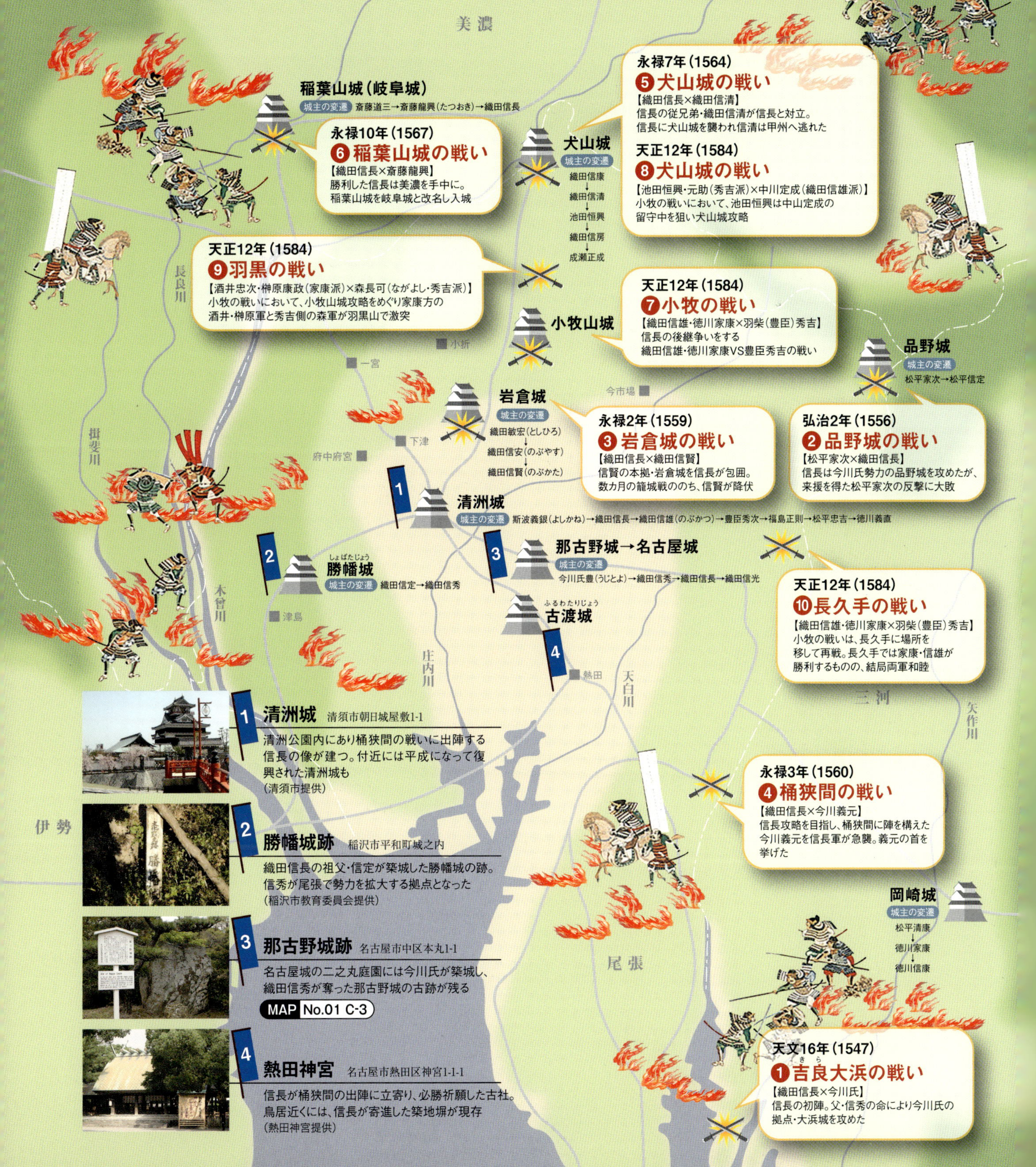

美濃
稲葉山城（岐阜城）
城主の変遷 斎藤道三→斎藤龍興（たつおき）→織田信長
永禄10年（1567）
6 稲葉山城の戦い
【織田信長×斎藤龍興】
勝利した信長は美濃を手中に。
稲葉山城を岐阜城と改名し入城
犬山城
城主の変遷
織田信康
織田信清
池田恒興
織田信房
成瀬正成
永禄7年（1564）
5 犬山城の戦い
【織田信長×織田信清】
信長の従兄弟・織田信清が信長と対立。
信長に犬山城を襲われ信清は甲州へ逃れた
天正12年（1584）
8 犬山城の戦い
【池田恒興・元助（秀吉派）×中川定成（織田信雄派）】
小牧の戦いにおいて、池田恒興は中山定成の
留守中を狙い犬山城攻略
天正12年（1584）
9 羽黒の戦い
【酒井忠次・榊原康政（家康派）×森長可（ながよし・秀吉派）】
小牧の戦いにおいて、小牧山城攻略をめぐり家康方の
酒井・榊原軍と秀吉側の森軍が羽黒山で激突
長良川
小牧山城
天正12年（1584）
7 小牧の戦い
【織田信雄・徳川家康×羽柴（豊臣）秀吉】
信長の後継争いをする
織田信雄・徳川家康VS豊臣秀吉の戦い
小折
一宮
今市場
品野城
城主の変遷
松平家次→松平信定
岩倉城
城主の変遷
織田敏宏（としひろ）
織田信安（のぶやす）
織田信賢（のぶかた）
永禄2年（1559）
3 岩倉城の戦い
【織田信長×織田信賢】
信賢の本拠・岩倉城を信長が包囲。
数カ月の籠城戦ののち、信賢が降伏
弘治2年（1556）
2 品野城の戦い
【松平家次×織田信長】
信長は今川氏勢力の品野城を攻めたが、
来援を得た松平家次の反撃に大敗
揖斐川
府中府宮
下津
1
清洲城
城主の変遷 斯波義銀（よしかね）→織田信長→織田信雄（のぶかつ）→豊臣秀次→福島正則→松平忠吉→徳川義直
2
勝幡城《しょばたじょう》
城主の変遷 織田信定→織田信秀
3
那古野城→名古屋城
城主の変遷
今川氏豊（うじとよ）→織田信秀→織田信長→織田信光
天正12年（1584）
10 長久手の戦い
【織田信雄・徳川家康×羽柴（豊臣）秀吉】
小牧の戦いは、長久手に場所を
移して再戦。長久手では家康・信雄が
勝利するものの、結局両軍和睦
木曽川
津島
古渡城《ふるわたりじょう》
4
熱田
庄内川
天白川
三河
矢作川
伊勢
永禄3年（1560）
4 桶狭間の戦い
【織田信長×今川義元】
信長攻略を目指し、桶狭間に陣を構えた
今川義元を信長軍が急襲。義元の首を
挙げた
岡崎城
城主の変遷
松平清康
徳川家康
徳川信康
尾張
天文16年（1547）
1 吉良《きら》大浜の戦い
【織田信長×今川氏】
信長の初陣。父・信秀の命により今川氏の
拠点・大浜城を攻めた

1 清洲城 清須市朝日城屋敷1-1

清洲公園内にあり桶狭間の戦いに出陣する信長の像が建つ。付近には平成になって復興された清洲城も
（清須市提供）

2 勝幡城跡 稲沢市平和町城之内

織田信長の祖父・信定が築城した勝幡城の跡。信秀が尾張で勢力を拡大する拠点となった
（稲沢市教育委員会提供）

3 那古野城跡 名古屋市中区本丸1-1

名古屋城の二之丸庭園には今川氏が築城し、織田信秀が奪った那古野城の古跡が残る

MAP No.01 C-3

4 熱田神宮 名古屋市熱田区神宮1-1-1

信長が桶狭間の出陣に立寄り、必勝祈願した古社。鳥居近くには、信長が寄進した築地塀が現存
（熱田神宮提供）

英雄のDNAを追う!

尾張・三河出身の大名 全国活躍MAP

戦国大名たちを集めて、県人会を作ったとしよう。なんと、その半数は尾張や三河の出身なのだ。江戸後期、十万石を超える大藩四十八家の五十四%、五万～十万石の一〇〇家の五十三%は、三河または尾張の出という話もある。なぜ尾張にはこれほど武将が多いのか。そこには英雄のDNAが流れているのかもしれない。

越中・富山城

佐々成政

信長暗殺計画が未遂に許されて忠誠を誓う

尾張国比良城(現・名古屋市西区)出身。織田信長暗殺をたくらんだとされるが未遂に終わる。その後は、長篠の合戦や一向一揆の鎮圧などに尽力した。自分の意志を曲げず、失敗することも多かったようだ。

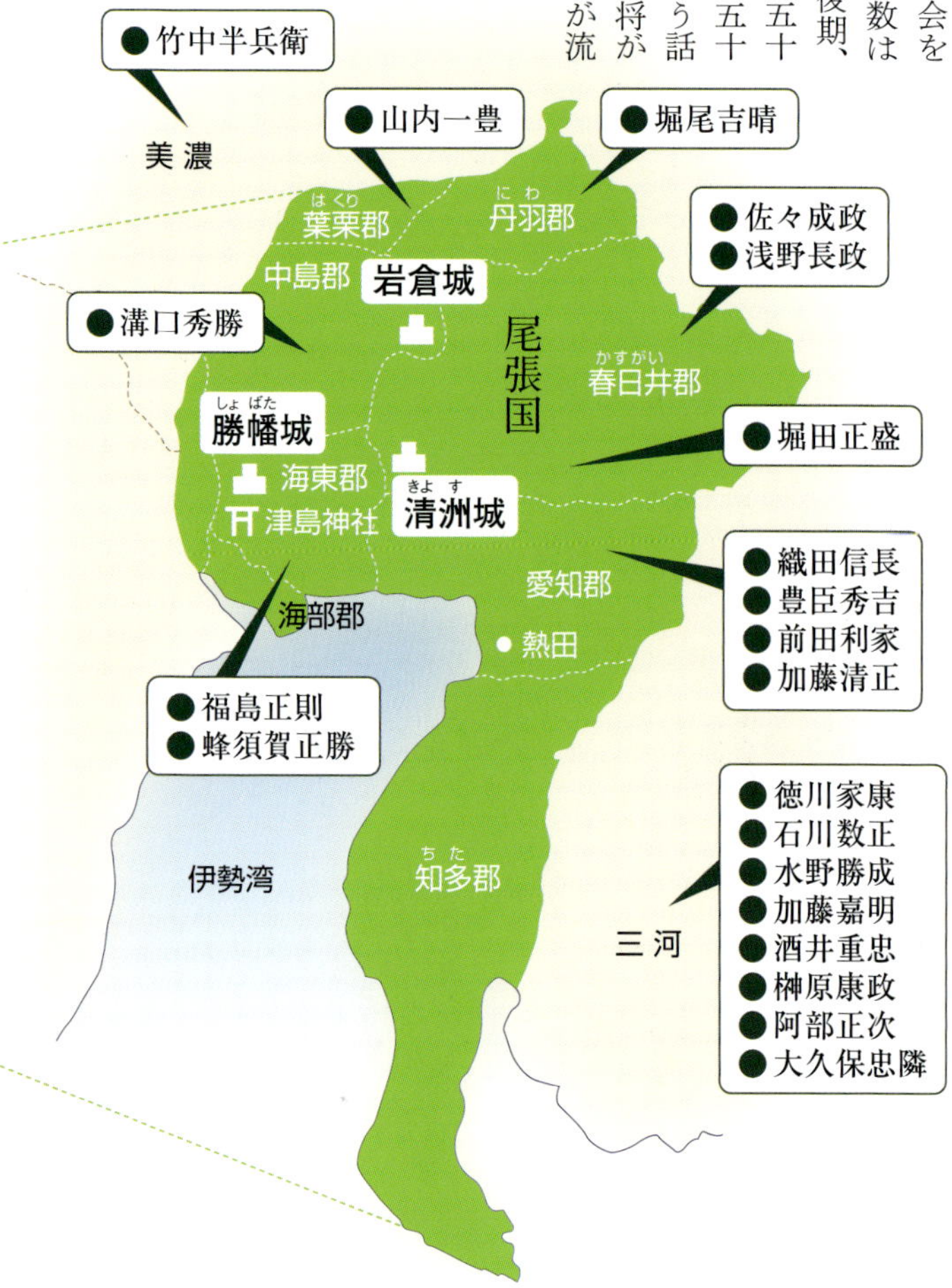

武蔵・江戸城

徳川家康

徳川300年の基礎を築いたゴッドファーザー

三河の松平家に生まれるが、幼少の頃から苦労が耐えなかった。6歳から8歳までは人質として尾張で過ごしたように、織田・豊臣の時代もじっと耐えながら出世の時機をうかがい、関ケ原の合戦で爆発! 長い戦乱の時代に幕を下ろし、天下統一を果たした。

「徳川家康像」栃木県立博物館蔵、「織田信長像」神戸市立博物館蔵、「豊臣秀吉像」高台寺蔵、「佐々陸奥守成政之像」富山市郷土博物館蔵、「前田利家像」桃雲寺蔵(金沢市教育委員会提供)「竹中半兵衛像」垂井町観光協会蔵、「福島正則像」美和町歴史民俗資料館蔵、「蜂須賀正勝像」東京大学史料編纂所蔵、「山内一豊像」土佐山内家宝物資料館蔵

土佐・高知城

山内一豊

内助の功に支えられたスーパーサラリーマン

妻・千代がへそくりで買った馬が信長の目に留まり、出世の糸口をつかむ。妻の美談ばかりが目立つが、もちろん一豊自身も適所で有能な働きを見せ、忠誠を示した。信長、秀吉、家康と仕え、土佐一国をゲット。

阿波・徳島城

蜂須賀正勝

元、木曾川水運の元締の顔を持つ

木曾川筋を支配する水運業の元締めだったが、信長、秀吉に見出される。信長が斎藤道三を攻めた際には、秀吉の采配の元、活躍。部下の扱いに長け、その後も調略の達人として、秀吉を支えた。

安芸備後・広島城

福島正則

武勇に優れた秀吉子飼の武将

秀吉とは従兄弟の関係。秀吉も数少ない親族として引き立てるが、関ケ原の戦いでは裏切り、家康に味方。広島城主として49万石をゲット。だが内心は豊臣への恩顧も忘れず、常に徳川を牽制する立場を取った。

美濃

竹中半兵衛

秀吉の成功を支えた天才軍師

秀吉の片腕として常に支えた天才軍師で美濃斎藤氏の家臣の子として出生。信長の美濃攻めの際に、才能を秀吉に見出され、以後仕えることに。姉川の合戦や長篠の戦いで活躍した。

加賀・金沢城

前田利家

そろばん片手に堅実経営加賀百万石を築く

若い頃は槍の柄を真っ赤にして目立たせ「かぶき者」と評された。秀吉とは、おねをめぐる恋敵だったとも。常に2番手を守り、豊臣政権では5大老の1人に抜擢される。その堅実さは財政面にも発揮された。

肥後 熊本城

加藤清正

戦も築城も常にトップランナーの忠義者

血縁関係にあった秀吉に仕える。当初から目覚ましい活躍を見せ、賤ヶ岳の戦いでは七本槍の1人として評される。家臣の才能を伸ばす天才で、結束を図り力をつけていった。肥後53万石にまで上り詰める。

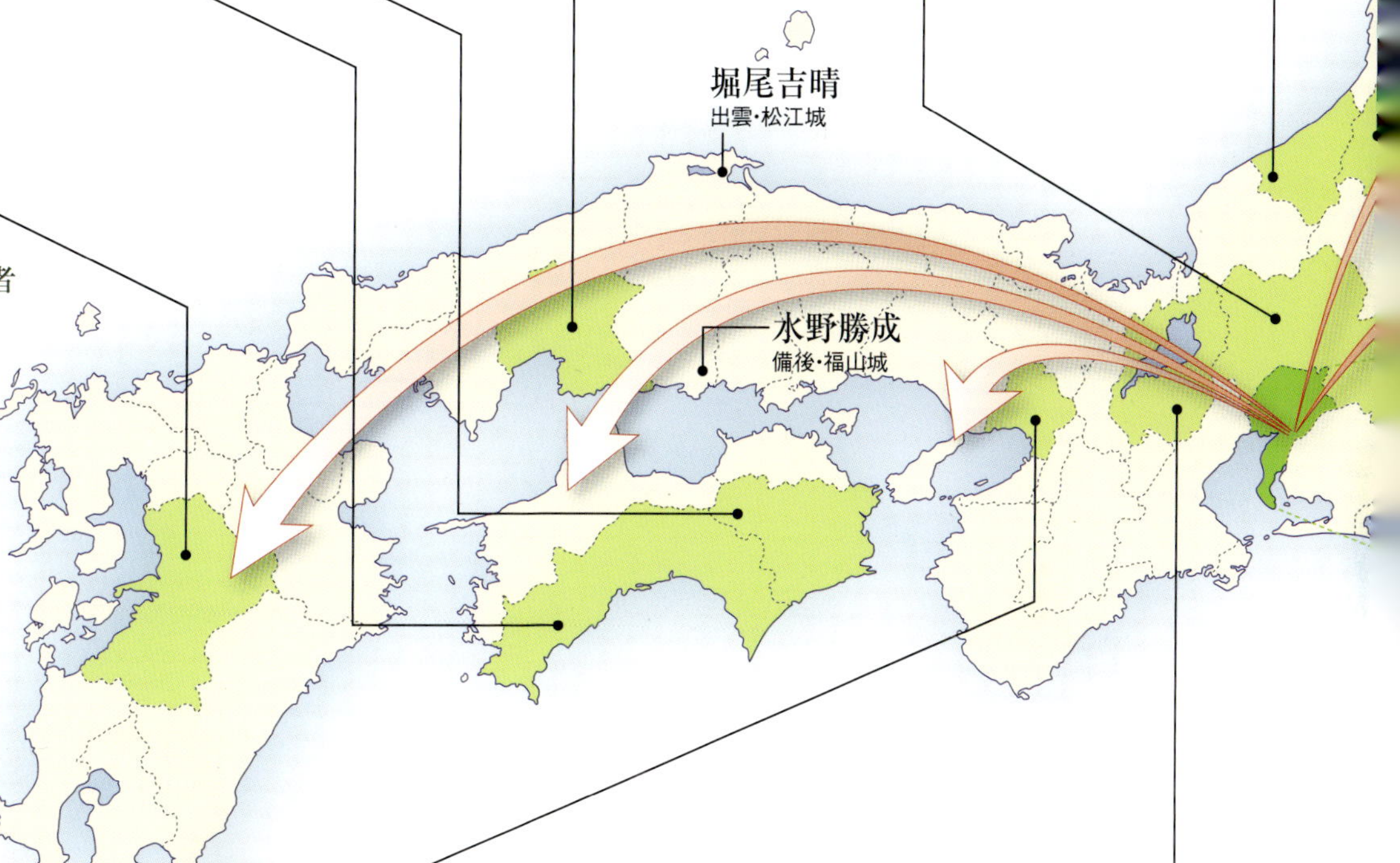

摂津・大坂城

豊臣秀吉

ド派手大好き、そして人たらしの愛嬌者

農民の子として生まれる。放浪を続け、苦労を重ね続けるも信長に見出されチャンスをつかむ。以後、知略を尽くして出世街道を驀進(ばくしん)、ついに天下人に。醍醐の花見や北野大茶会など、煌(きら)びやかで楽しいものには目がない一面もあった。

近江・安土城

織田信長

“尾張の大うつけ”からダンディーな戦国の革命児へ

茶せん髷を結い、単衣の袖も取っ払って着るという異形の「うつけ者」。それも信長の胸に秘めた作戦だった。天才的な戦略で天下統一の野望に向けて勢力を拡大。その手法は乱暴な面も多かったが、鉄砲の導入や楽市楽座、キリシタンに理解を示すなど革新的な面も多く、時代を大きく変えた。

「竹林豹虎図」名古屋城管理事務所蔵

名古屋に成立！

尾張藩・初代名君は
現代名古屋人にも通じる人柄

徳川 義直（とくがわ よしなお） 慶長5年〜慶安3年（1600〜1650）

学問、武芸を愛し、律儀で実直なところは父親の家康譲り。知行割りや税制改革など尾張藩の基礎を固め、名君として領民からも慕われていたという

「徳川義直木像」（清涼院蔵）

1

尾張藩、誕生

金鯱輝く優美な城郭がドラマの中心

御三家筆頭尾張藩

Let's アクセス! FP CODE

総勢20万人を費やした大築城

天下統一を目前に控えた徳川家康が、その強大な権力を示し、敵対する旧豊臣側勢力を押さえ付ける目的で築城した名古屋城。諸大名20人、人夫20万人に築城を手伝わせた大プロジェクトだった

ゴージャス! でも波乱万丈

名古屋城大天守に置かれた名古屋のシンボル・金の鯱(しゃちほこ)。徳川御三家筆頭という強大な権力を象徴するも、不況の折には藩の財源に化けるなど、その歴史は波乱に満ちたものだった

大都市・熱田と名古屋を結ぶ大動脈

名古屋の中心部を貫く堀川は、江戸時代、名古屋城築城のための建築資材を運ぶために開削された運河だ。熱田と名古屋間を結び、築城以降も物資運搬や交通手段に利用された

大名20人・人夫20万人を総動員した大普請で徳川の世を知らしめた

天下統一目前の大築城

清洲よりも好条件な名古屋に築城

天下統一を目前に控えた徳川家康だったが、まだ完全に安心できる状況ではなかった。関ヶ原の合戦で豊臣勢を制したとはいえ、徳川勢に加担した者の中には、加藤清正や福島正則など長く秀吉に仕えてきた大名たちがいる。いつ寝返るかわからない彼らに、時代が移ったことを知らしめることが勝利を手にした家康に課された命題だった。

豊臣を上回る力を見せつけるためには、秀吉が築いた堅固な構造と豪華な内装を誇る大坂城に勝る城を築く必要があった。しかも、それは大坂に睨みを利《き》かせる位置であることが求められる。そこで浮かんだのが尾張である。

有無をいわせぬ天下普請の大号令

さらに自身の力を世間に見せつけ、大名たちを抑えるための答えが「天下普請」だった。諸大名に号令をかけ、無報酬で築城を手伝わせ、各地に残存する武将たちの財力・戦力を消耗させる狙いがあった。

家康は、名古屋城築城前、慶長七年(一六〇二)の伏見城改修に始まり、二条城(京都府)、江戸城(東京都)、彦根城(滋賀県)、伊賀上野《いがうえの》城(三重県)、姫路城(兵庫県)など次々と改修や築城を諸国大名らに命じている。これら城の配置を見ると、すべて大坂城を取り巻いていることがわかる。つまり、家康が命じた天下普請は大坂城を包囲し、周辺の城を補強することで、豊臣方に恐怖を与える目的もあったのだ。

天下普請は、諸国の大名二〇人・人夫二〇万人を結集。名古屋からいかに距離が離れていようと、徳川家と親戚関係であろうと、この命令は否応なく発せられた。例えば遠くは九州から熊本の加藤清正や豊前(福岡)の細川忠興《ただおき》らが召集、また家康の娘を妻に迎えている黒田長政や池田輝政など、徳川家と親戚である大名たちも動員を命じられている。

工費の捻出、けんか防止悩みの絶えない現場監督

名古屋城の普請に駆り出されたのは、旧豊臣派の大名ばかり。彼らには、家康からの資金援助は一切なく、人夫たちの手間賃、往復の旅費や滞在中の経費など、負担は重くのしかかった。しかも、彼らが命じられたのは土木工事。石垣の石材を集めて現地まで運び、作業を行わなければならない。おまけに工事分担は、違う藩の人夫と隣り合わせになるなど複雑に割り振りがされていた。加えて五月から八月にかけての猛暑という悪条件。万一、騒乱が起これば〝お家取り潰し〟もあり得る環境で、現場監督となる大名たちの心労はピークに達していたと思われる。

そんな中、ひときわ威勢が良かった男が加藤清正だ。彼は土木工事の中でも困難な天守台の石垣を自ら申し出て、わずか三ヵ月で完成させている。あえて難工事を引き受けることで、自己アピールをしたいという清正の狙いもあったようで、巨大な石を運ぶ際には五千人が綱を引き、清正自身が石の上で音頭《おんど》を取る派手なパフォーマンスを見せている。

急ピッチの工事の目的は〝大坂攻め〟

一方、天守閣の建築の設計や施工、内装を請け負う作事工事には、徳川側の築城に関わってきた城作りのベテランを任命。家康は作事《さくじ》奉行に、京都御所や駿府城(静岡県)でも作事奉行を務めた小堀遠江守政一《こぼりとおうみのかみまさかず》(遠州)や、後に徳川幕府の大工の棟梁《とうりょう》となる中井大和守正清などを動員した。

家康は、最高の陣営と膨大な数の人員を配備し、築城に着手、当時としては日本一の規模の城をわずか一年で完成させた。完成間際に執り行われた義直の婚儀に家康は出席し、その足で大坂城に攻め入っている。これが大坂夏の陣である。先の大坂冬の陣でも、名古屋で兵を整えて出発していることから、家康は名古屋城を早急に完成させ、大坂を攻めるきっかけをつかもうとしたと思われる。

大坂夏の陣を勝利に収めた家康は元和元年(一六一五)「一国一城令」を発し、居城以外の城の取り壊しと新しい城を建てることを禁じている。大名の力を示すシンボルともいえる築城を禁ずることで、天下統一が完了したことを知らしめたといえる。

土木工事主要チーム

名軍師のDNAを受け継ぐ戦上手
黒田長政(くろだながまさ)
永禄11年～元和9年(1568～1623)
豊臣秀吉の名軍師として名高い黒田官兵衛の長男で、幼少から秀吉に仕える。秀吉の死去後は徳川方に付き、家康の養女と結婚した

石垣作りから運河の工事まで担当
福島正則(ふくしままさのり)
永禄4年～寛永元年(1561～1624)
熱田から名古屋へ通じる運河・堀川の工事も担当。有無をいわせぬ天下普請に、親しくしていた加藤清正にグチをこぼしたエピソードが残っている

織田・豊臣・徳川三代に仕え、出世
池田輝政(いけだてるまさ)
永禄7年～慶長18年(1564～1613)
織田家の重臣、池田恒興の次男として生まれ、信長に仕える。関ケ原の戦い後、徳川に付き家康の娘、督姫(とくひめ)と結婚。姫路城を現在の美しい姿に改修した

時代の先を読む男
細川忠興(ほそかわただおき)
永禄6年～正保2年(1563～1645)
妻は明智光秀の娘・細川ガラシャだが本能寺の変の後、光秀の誘いに乗らず豊臣方に。やがて徳川の世になることも察し関ケ原の戦いでは石田三成と激戦の末、東軍を勝利に導く

作事工事主要チーム

茶人にして名造園家

小堀遠州（こぼりえんしゅう）

天正7年～正保4年（1579～1647）
若きころより茶道を極め、書や和歌もこなす文化人。徳川家の茶道教師でもある。京都御所造営で普請奉行、桂離宮（京都）の作事奉行などを務めた

ほか、徳川幕府の金庫番で名古屋城築城でも財政面を取り仕切った大久保石見守（おおくぼいわみのかみ）、小堀遠州とともに京都御所や駿府城の作事奉行を務めた中井大和守正清（なかいやまとのかみまさきよ）、安土城天守閣の大工頭を担当した尾張の名工・岡部又右衛門（おかべまたうえもん）などが関わった

土木チームのリーダー

加藤清正（かとうきよまさ）

永禄5年～慶長16年（1562～1611）
名古屋築城の際に、天守閣の石垣工事を1人でやりたいと申し出て高さ約20m、6階建てのビルに相当する石垣をなんと3ヵ月で完工

「福島正則肖像画」美和町歴史民俗資料館蔵　「池田輝政肖像画」鳥取県立博物館蔵　「黒田長政肖像画」福岡市博物館蔵　「細川忠興像」長岡京市提供　「小堀遠州肖像画」頼久寺蔵

暗号それともメッセージ？およそ500種

石垣に刻まれた文様と文字のナゾ

なぜ、石に刻印を刻む必要があったのか？

壮麗な天守や金の鯱《しゃちほこ》に目を奪われがちな名古屋城。広大な城内の石垣に目を凝らすと、あちこちに摩訶不思議なマークが刻まれていることに気づく。思わず「だんご三兄弟♪」と口ずさみたくなるような、三つ串の団子、そして軍配、瓢箪《ひょうたん》などの文様のほか、個人の姓名を記した文字。その種類およそ五〇〇以上。印は「刻紋《こくもん》」と呼ばれ、「天下普請《てんかぶしん》」で名古屋城築城を手伝わされた諸大名やその部下たちが刻んだものだという。

石垣工事の作業現場はあらかじめ藩ごとに割り当てられ、この割り振りを「帳場割《ちょうばわ》り」といった。担当現場（縄張り）は、複雑に入り組み、競合する他藩の人夫と常に隣り合わせ。ゆえに各地から苦労して取り寄せた、大事な石材の紛失や混同、盗難を防ぐために、石材にマークを付けて所有者を明確にする必要があったというわけだ。

刻印に注目しながら城内を回り、マークの所有者を見分けながらその仕事っぷりを確認するのも城内散策の醍醐味である。

天守などの石垣をつぶさに眺めると、あらゆるところで刻紋を確認できる

刻紋スポットと帳場割り

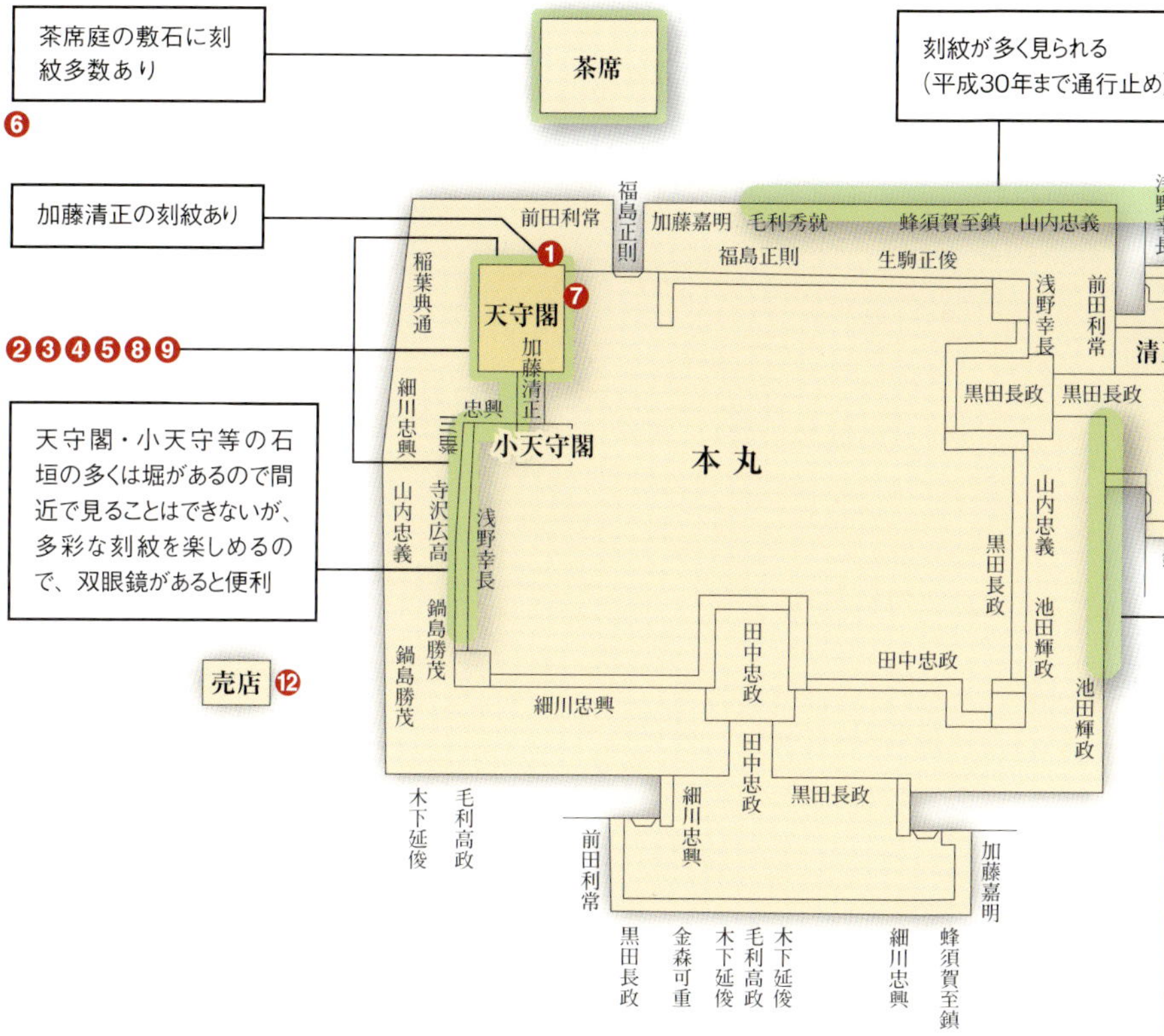

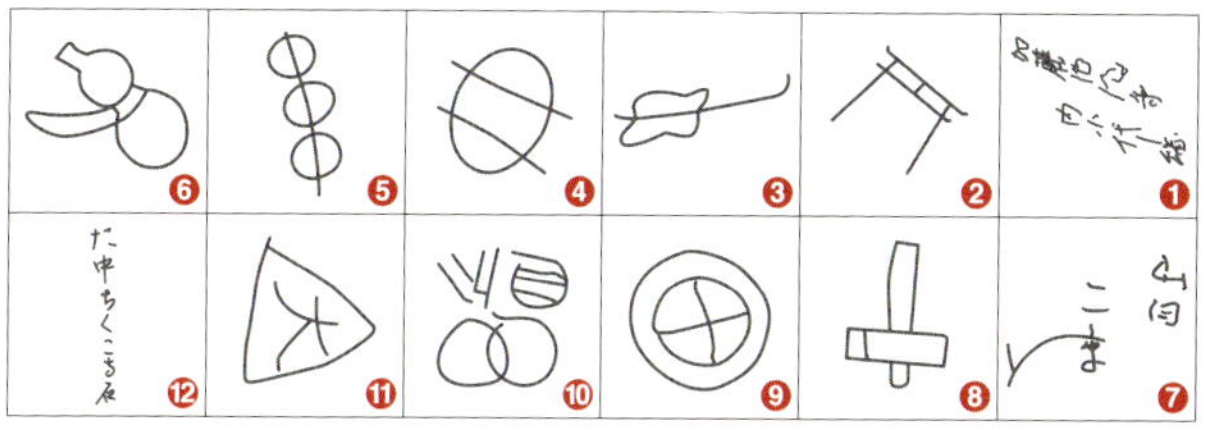

1 天守台にある加藤清正の刻紋
2 加藤清正の有力五家臣の一人、新美八左衛門尉は鳥居の紋
3 加藤清正の有力五家臣の一人、小野弥兵衛のものと思われる軍配団扇
4 加藤清正の家臣の一人、成田氏のものと思われる刻紋
5 前田利常のものと思われる三つ串団子は線刻されているが、同じ三つ串でも蜂須賀至鎮のものと思われる刻紋は全面彫られている
6 茶席庭の敷石に使用された瓢箪
7 天守閣正面にある個人の姓名を記した刻印
8 加藤清正の有力五家臣の一人、南条元宅（なんじょうもとただ）の印と思われる小槌
9 加藤清正の家臣、和田氏のものと思われる刻紋
10 輪違い、丸に三つ引き、違い山形の混在した石
11 池田輝政チームの担当箇所にある△に大の目印
12 筑後の田中忠政に関わる刻紋か？売店の前に展示

徳川天下の到来を告げる

優美な要塞・名古屋城

見た目を裏切る新時代の城郭 金鯱輝く名古屋城天守

県庁や病院が立ち並ぶ近代都市の中心で、翡翠《ひすい》色の瓦が優美な姿でたたずむ名古屋城。その昔「尾張名古屋は城でもつ」と伊勢音頭にも歌われた、名実ともに名古屋になくてはならないシンボルだ。中核はご存知、金鯱輝く「天守」である。

名古屋城天守は、軍事要塞としての機能性のみを追求した、戦国時代の城とは一線を画した気品を有する。しかし、その外観とは裏腹に、防備は想像もできないほどの堅牢さを誇る。外壁は、内側に頑丈な欅《けやき》板を抱いた厚さ三〇センチもある土壁で、なんと当時の大砲弾を跳ね返すほどの威力があったとか。さらに矢や鉄砲を放つために空けられた穴の狭間《さま》はすべて隠狭間《かくしざま》。土壁の中に塗込《ぬりこ》められ、隠し石落し同様に外部からは見えないように配慮されていた。

武装を外にさらさないのは、将軍家の城郭の特徴である。武力ではなく、徳の高さを表すことで、権力を示す。圧倒的な軍事力の背景に築かれた太平の世の到来を告げる、新時代の城郭といえよう。

天守への難関・小天守

名古屋城の天守は、長さ約二十メートルの橋台《きょうだい》で連結された小天守を持つ「連結式天守」である。

この小天守は、天守への入口として機能する。天守に入るには、まず小天守の地下入口（石垣の中なので実際は地上になるため、外からは階段を上がって入る）からコの字形に折れ曲がった通路を通り、橋台を渡らなければならない。天守の奥御門は、壁で四方を囲んだ閉ざされた空間（桝《ます》形《がた》）に二重の扉を持つ桝形門。普通は※曲輪《くるわ》（郭）に使う桝形門を天守に採用しているのは名古屋城だけである。また、橋台の土塀は軒先に槍の穂先を〝忍返し〟に並べた剣塀《つるぎべい》になっていて、外部からの侵入も容易ではない。

（※）城や砦などの、一定区域を囲む石や土の囲い

古写真で連結式天守の堅牢な構造を見る

※写真は昭和20年の名古屋大空襲で焼失する以前のもの(名古屋城管理事務所提供)

天守・小天守地階平面図

天守に入るには、小天守の口御門からコの字型通路、橋台、奥御門を通らねばならない。さらに天守入口は最強の桝形門という厳重さ

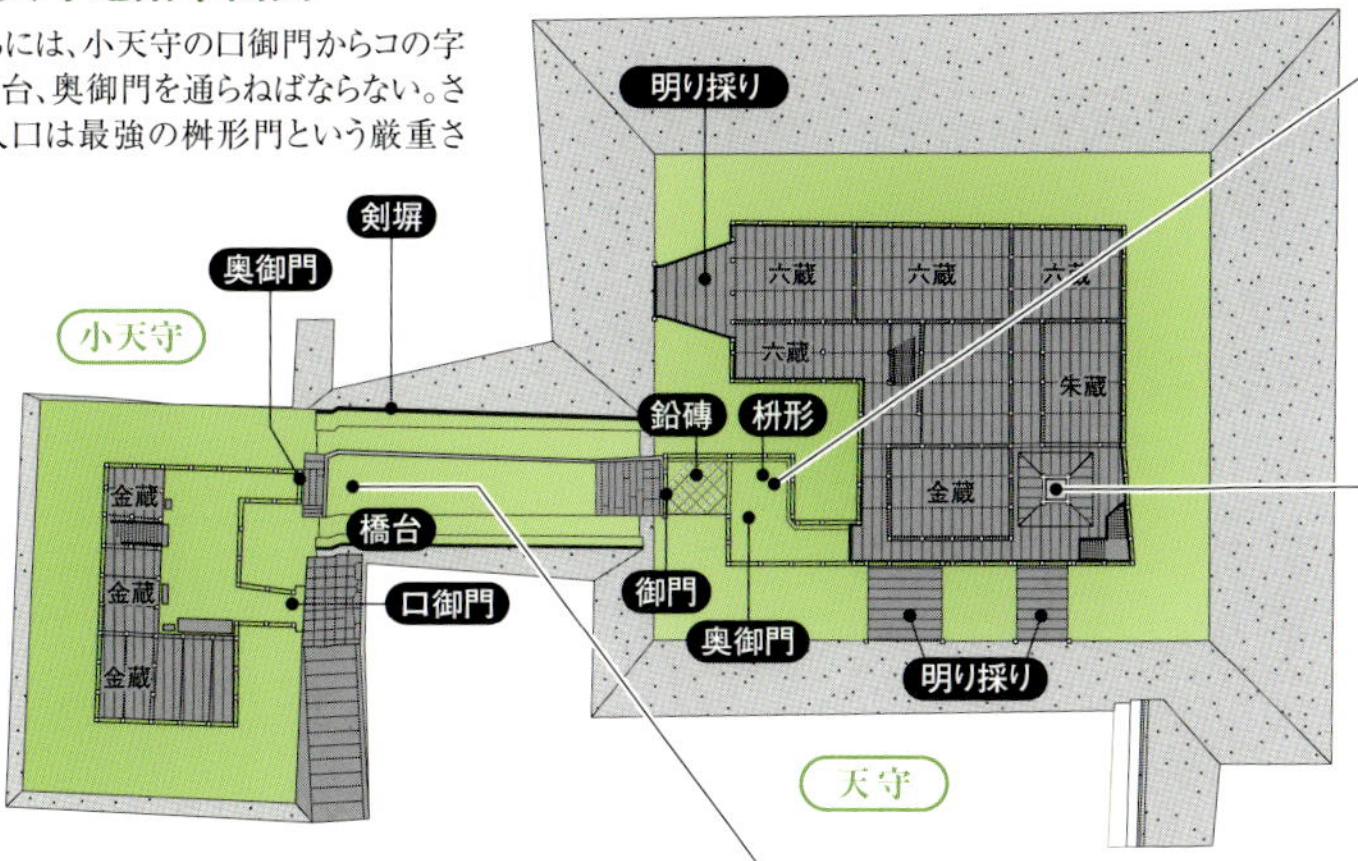

天守奥御門

桝形門の中。右壁にあるのが総鉄板張の奥御門。床材は弾丸の原料である鉛製の敷き瓦

天守地階の井戸

加藤清正が天守台石垣造成の際に掘ったといわれる井戸「黄金水」。1階からでも水を汲めるようになっていた

小天守の地下通路

階段の左側はすべて金蔵(戸や壁が取り外してある)。金蔵には、家康から尾張徳川家へ分与された30万両の金と9000貫(33トン)の銀が納められていたという。明治維新後の調査では、すでに金蔵は空っぽだった。維新の混乱期に処分されたのかもしれないが、まったく記録がないという。江戸城の黄金伝説に勝るとも劣らぬミステリーだ

隠狭間

外から見ると美しい白壁も、中は欅板を鎧状に重ねた〝防弾壁〟だった。防弾板の内側には、三角形の蓋が付く化粧板を配す

欅の防弾板(内側)

檜の化粧板壁(内側)

信長・秀吉・家康 三人三様の天守スタイル

天守は城主の権力の象徴であるとともに、戦時においては籠城《ろうじょう》の場であり最後の〝砦〟。そのため入口は厳重に造られるのが常ではあるが、名古屋城天守はその最たる中の一つであろう。

「天守」第一号とされるのは、天正七年(一五七九)に織田信長が建てた安土城のもの。ただし、この頃は「天主」と表記されていた。それを「天守」という文字に変えたのは豊臣秀吉である。

この時代の天主(天守)は城主の住まいであった。安土城・大坂城とも、豪華な書院造の高層御殿だったという。対して、名古屋城築城の際〝天守に住まうこと無用〟としたのは家康。以降は、天下人の天守でも内部は簡素な造りになってしまった。

信長が最初に作った天主は、秀吉によって天守と名を変え、家康によって〝住居〟から〝権威の象徴〟に、その性格を変えたのである。

天守のスケールを比較する

名古屋城は地上5階(5重)・地下1階の初期(※)層塔型天守で、高さは36.1メートル、石垣部分を入れると55.6メートルあった。また1階部分は南北約37メートル×東西32.8メートル。5階分合わせた延床面積1338坪は、まさに史上最大。尾張徳川が誇る、江戸城・大坂城に並ぶ超巨大天守であった

江戸城(約44.8m)　名古屋城(約36.1m)　姫路城(約31.5m)　大坂城(約30m)

※遠くの敵を監視する櫓の機能を有する望楼型に対し、上層と下層階が一体になった形式の天守を層塔型といった

本丸・二之丸・御深井丸……

名古屋城の城郭に迫る!

天守閣のある本丸エリアの西方を御深井丸《おふけまる》と西之丸の二つの郭《くるわ》で囲い、さらに東南を二之丸で、さらにその東から南にかけて三之丸で囲った名古屋城。

城郭の北側には広大な低湿地が広がり、当時の平城《ひらじろ》(平地に建つ城)としては極めて防衛性の高い、完成された城郭であったという。政治・軍事の中枢としての役割を担うそれぞれの郭に秘められた歴史も興味深い。

3つの郭が本丸を取り巻く

米蔵などがあった西之丸、そして西之丸の南側から二之丸の東側までを囲む三之丸、御深井丸が本丸をぐるりと取り囲むように配置された

なんと瀬戸焼発祥の地

初代藩主・徳川義直が作らせたという瀬戸の焼き物「御深井焼」は、この御深井丸の一角に窯が築かれたことで命名されたとか

湿地・沼地=「ふけ」から命名?

「御深井丸」は「おふけまる」と読む。「ふけ」とは湿地・沼地の意味で、この辺りは湿地帯であった

実は家康の意地悪もあった?

御深井丸と本丸、二之丸の一部は、那古野台地から完全にはみ出た湿地帯にある。一説では、工事のしにくい部分を城郭エリアに含めることで助役の西国大名の財力を削るための家康の意地悪とも言われる

最終決戦場として想定された名古屋城の軍事中枢

本丸を東南からガードする郭が、西之丸と御深井丸である。両方とも本丸よりも広く、西之丸は本丸に通じる正門の南面にあり、御深井丸は外部とは直接に通じず、西之丸と御塩蔵構《おしおぐらがまえ》(本丸北側の小郭)とのみ連結されていた。双方ともに独立した構造になっており、一方の郭に敵の侵入を許す事態が起きたとしても、郭と郭の間で敵を足止めでき、また挟み撃ちにできた。両郭には武器や弾薬、兵糧が蓄えられ、本丸と並ぶ名古屋城の軍事中枢になっていた。

湯殿御殿の中にあった唐破風造の「風呂屋形(ふろやかた)」は、今でいうサウナのようなもの。将軍が着替える上段之間まで造られた(名古屋城管理事務所提供)

本丸御殿・書院一之間。襖の奥は将軍家光が着座した上段之間。豪華な彫刻で埋め尽くされた欄間、格天井(格子状の天井)など、最も格式の高い部屋だった(名古屋城管理事務所提供)

数奇な運命をたどった猿面茶席

御深井丸にある「猿面茶席《さるめんちゃせき》」。織田信長と豊臣秀吉ゆかりの茶席である。武将であり、茶人でもあった古田織部（天文十三〜元和元年・一五四四〜一六一五）設計の茶席で、もともとは清洲城にあり、二つの節がまるで両目のように見えたとか。それを見た信長が木下藤吉郎、後の豊臣秀吉に向かって「汝の面の如し」と笑ったことから、この名がついたという。天守の再建に伴い、御深井丸に復元された。

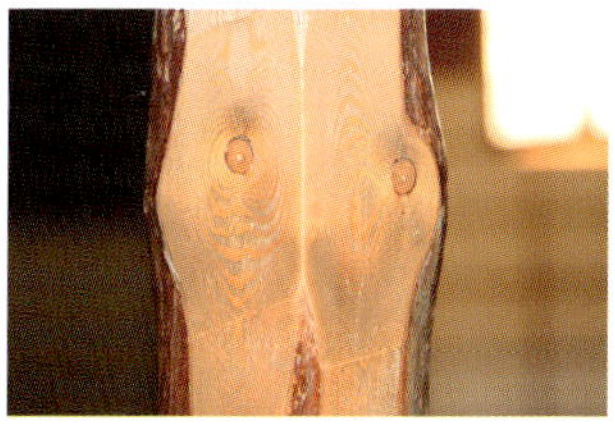

柱に再現された「猿面」の2つの節

重臣団がコの字型に本丸をガード

三之丸は総面積約60万5000㎡（18万3320坪）という巨大な土塁造りの郭。重臣の屋敷や、義直が家康を祀るために建てた東照宮などがあった。現在、丸の内2丁目にある東照宮は、義直の妻・高源院《こうげんいん》（春姫）の霊廟として建てられたもので、戦後、この地に移された。

庭園、能舞台など贅を尽くしきった接待空間

敷地内には御殿のほか庭園、能舞台、茶室などが造られた。義直が最初に造らせた庭園は「金声玉振閣《きんせいぎょくしんかく》」という中国趣味の庭であったが、文政5年（1822）の大改修で回遊式庭園の日本庭園になった

将軍が脱走するパンドラの出口!?

庭の北西端には、非常時に藩主が逃走するための「埋門《うずみもん》」という秘密の出口が存在した。それを揶揄《やゆ》してか、別名「臆病門」と呼ばれた。現在は「埋御門之跡」の碑が残る

さすが本丸御殿! 豪華な内装

内部を狩野派の絵師による絢爛豪華な障壁画で飾った書院造の平屋建て。総面積約3000㎡、30以上もの部屋があった

城郭の北側に天守閣を設置。尾張平野を一望のもと監視できる

北側には湿地が広がり、さらに城郭を囲むように濠《ほり》が彫られていた

本丸御殿・城郭模型
（名古屋城天守閣1階にて展示）

尾張藩の本拠地「御城＝政庁」は二之丸御殿のことだった!

二之丸御殿は、義直の幼少期からの側近の邸宅を増改築したもので、義直は本丸御殿から住まいを移して以来、政務もここで行うようになった。以来、二之丸は「御城」と呼ばれ、尾張徳川家の本拠地となる。しかし同御殿と庭園は明治6年（1873）、当時の陸軍によって無残にも取り壊しに。現在、愛知県体育館が建っているのは、当時の二之丸の馬場（乗馬の練習場）辺りである。

絢爛豪華な将軍の宿所と天守閣があった

名古屋城の中枢。本丸には天守閣のほか、藩主の宿所・本丸御殿があった。本丸御殿は義直が春姫との新婚生活を始めたものの、5年後には二之丸御殿に引越してしまい、以降は将軍が宿泊する「御成御殿《おなりごてん》」となった。4代将軍・徳川家綱《いえつな》以降は上洛がなくなり、その後、明治5年（1872）に陸軍省の所轄になり、司令部として使用されるまでの200年間、同御殿は空き家のままだったという。戦災で惜しくも焼失。2010年に向けて再現プロジェクトが進行中。

現在の名勝二之丸庭園。
改修を重ね、枯山水庭園に改められた

金鯱、波乱に満ちた人生行路

名古屋城金鯱は文字通りの〝黄金製〟

「鯱」と書いて「しゃち」「しゃちほこ」と読む。頭は虎、背中に鋭いトゲを持つ中国の想像上の海獣である。日本では火災除けのまじないとして、室町時代の頃から木製の鯱を社寺の屋根などに飾っていたようだ。

この鯱を最初に城に使ったのは、織田信長の安土城（現在の滋賀県にあった）天主である。しかも記録によると〝金鯱〟だった。木製ではなく中空の瓦製（粘土製）で、表面に金箔を押したものだったらしい。この後、大坂城や伏見城、江戸城にも鯱が置かれたが、いずれも瓦製ではあるものの、金鯱だったかどうかは定かでない。

対して、名古屋城大天守に置かれた金鯱は、慶長大判金千九百四十枚を使った正真正銘の〝黄金製〟。檜《ひのき》材の寄《よせ》木《ぎ》で作った芯の表面に金の板を打ち付けたもので、重さは雄雌合わせて二百十五キログラム以上あったという。ちなみに現在の二代目・金鯱は、銅版の型に金箔を貼り付けて樹脂塗装が施してある。金箔の厚さは〇・一五ミリ。このため総重量は約八十八キログラムと〝軽量化〟している。

地上五十五・六メートル（石垣含む）の高さの屋根で輝く金鯱は、

宮の浜には魚が寄らぬ
金のしゃちほこ陽に光る

と流行歌にもなった。宮の浜は現在の

金鯱・雄（北側）

日本の城に数ある「しゃちほこ」の中でも、雌雄一対の〝夫婦〟なのは名古屋城天守の金鯱のみ。他では雄雌の区別はない。現在の二代目は雄の方が4cmほど大きいが、初代は雌の方が13cmも大きかった

名古屋城管理事務所提供（雄雌とも）

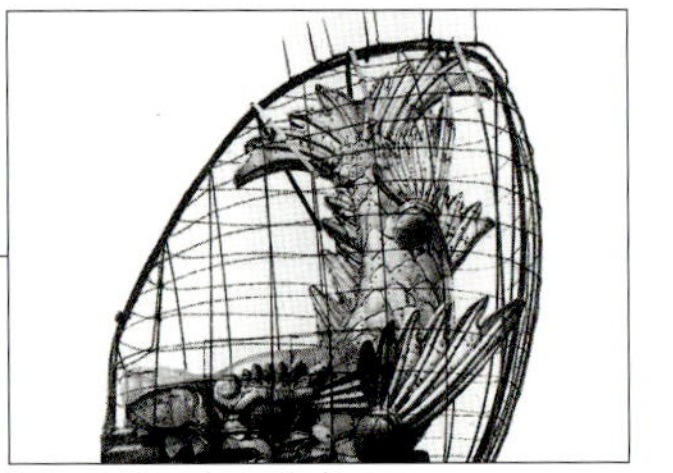

網で覆い被された金鯱

金網の覆いが被せられた戦災前の北方金鯱（雄）。上部の突起物は「鳥止まらず」と昔の文献にあり、鳥よけのためと思われる

名古屋城管理事務所提供

盗まれた金鯱【大泥棒・柿木金助】

天明3年（1783）に大坂角座で上演された歌舞伎「傾城黄金鯱（けいせいこがねのしゃち）」は、大凧に乗って金鯱のうろこを3枚盗んだ柿木金助（かきのききんすけ）という大泥棒の話。事件そのものはフィクションだが、当時「金の鯱雨ざらし」と謡われた金鯱は、今の金価格で5億円以上。当然、盗賊にも狙われたにちがいない。実際、明治以降、金鯱のうろこは3回ほど盗まれている。最も有名なのが昭和12年（1937）の、その名も「昭和の柿木金助事件」。1月4日の夜に雄のうろこ58枚をはぎ取り、売りさばいてしまったのである。犯人は1月27日に御用。金鯱は3月に天守に戻されている。名古屋市が買い戻した金と新たに足した地金で修理された金鯱は、今まで以上の輝きだったという

（一七三〇）、「黄金を雨ざらしとはもったいない」と、金鯱のうろこを溶かし直し（改鋳《かいちゅう》）、一部を藩の財源にしてしまった。この時から、金鯱には鳥よけの金網が取り付けられている。

改鋳は全部で三度行われた。もっとも大幅な改鋳は、二度目の文政十年（一八二七）のとき。以来、金の純度が下がって金鯱の輝きはかなり鈍ってしまった。なお、金網の覆いは「魚（鯱）が網にかかったよう」と、たいそう評判が悪かったが、輝きの低下を隠すためにも外せなかったといわれている。

八年に及んだ〝金鯱不在〟

明治維新後の文明開化に伴い、古い物を壊して新しい生活様式を取り入れようという〝旧物破却《きゅうぶつはきゃく》〟の波が名古屋城にも押し寄せる。明治三年（一八七〇）、名古屋藩知事の徳川慶勝《よしかつ》（十四代藩主）は、名古屋城を取り壊そうとするが、在日ドイツ大使のフォン・ブランドが中止を勧告。解体を免れた金鯱は、当時の宮内省へ献納されることになった。

ここから金鯱の旅が始まる。まずは明治五年（一八七二）、東京の湯島聖堂で開催された日本初の博覧会に雄の金鯱が出展され、大人気となる。雌の金鯱は翌年ウィーンの万国博覧会へ。日本にとどまった雄の金鯱は日本各地の博覧会を転々とすることになる。一方、ウィーンから帰国の途についた雌の金鯱を乗せた船が伊豆沖で沈没し、「金鯱遭難」と騒ぎになったが、

【初代：慶長17年(1612)制作】

※「金城温古録」(文政10年／1827)より

身長(高さ)	雄=2.34m 雌=2.47m
うろこの枚数	雄=194枚 雌=236枚
金の質	雄・雌とも20k
金の量	慶長大判金1,940枚分(小判にすると17,975両)。純金換算で215.3kg

【2代目：昭和34年(1959)制作】

身長(高さ)	雄=2.621m	雌=2.579m
体重(重量)	雄=1.272t	雌=1.215t
うろこの枚数	雄=112枚	雌=126枚
金の質	雄・雌とも18k	
金の量	雄=44.69kg	雌=43.39kg
	雄雌合わせて88.08kg	
金の厚み	雄・雌とも0.15mm	

金鯱・雌(南側)

小天守側(南)が雌、反対側(北)が雄。頭でっかちで愛嬌たっぷりの意匠はほとんど変わらないが、うろこの枚数は昔も今も雌の方が多い

熱田区南端付近(江戸時代はこの辺りまで海だった)。さらに熱田と桑名を船で結ぶ「七里の渡し」からも見ることができたという。

多くの人が崇《あが》め眺めたであろう金鯱は、魔除けから権力の象徴へと、その性格を変えたのである。

権力も不況には勝てず。藩の財源に化けた金鯱

時代は移り、江戸時代も半ばになると世間に不況の嵐が吹き出す。尾張藩も倹約令を出すなど財政立て直しに懸命だったが、ついに享保十五年↘

茶釜になった金鯱

二十二金茶釜「真形釜丸八文様鯱環付」。丸に八の字は名古屋の市章。直径25.2㎝、高さ22.3㎝。重さ4.159kg

名古屋城管理事務所提供

クレーンで降ろされる金鯱

つい最近も、金鯱は天守を離れている。平成17年(2005)の「愛・地球博」と「新世紀・名古屋城博」出展のため。クレーンで慎重に降ろされた

株式会社 間組提供

実は香港で別の船に積み替えられていたという、嘘のような本当の話が残っている。

その間、名古屋では金鯱返還の声が次第に大きくなり、フォン・ブランドや地元の有力者が宮内庁に嘆願した結果、明治十一年(一八七八)、雄雌ともに名古屋へ返還されることが決定。翌年二月、八年ぶりに天守に金鯱が戻されたのである。

金の茶釜となって帰ってきた金の鯱

大天守築城から三百三十年。名古屋の街を見守ってきた初代・金鯱は、昭和二十年(一九四五)五月の名古屋大空襲によって、天守とともに焼失する。戦禍から逃れるため、本丸の障壁画などと一緒に撤去作業が進められていた矢先のことだった(一説には撤去のための足場に焼夷弾《しょういだん》が引っ掛かり引火したといわれる)。

それでも、先に屋根から降ろされていた雌の金鯱は、燃えがらとなって発見。アメリカ軍に接収された後、日本に返還される。金鯱が六・六キログラムの金塊となって名古屋に戻って来たのは昭和四十二年(一九六七)、終戦から二十二年が経っていた。

すでに現在の二代目金鯱がお目見えしていたため、金塊は金鯱型の名古屋市旗竿頭《かんとう》(旗の先に付ける飾り)と茶釜に加工された。茶釜は二十二金の「真形釜丸八文様鯱環付《しんなりがままるはちもんようしゃちかんつき》」と、純銀に二十二金メッキのものの二つ。どちらも天守展示室で見ることができる。

名古屋繁栄の源、ここにあり

物流大動脈・堀川

築城資材の運搬のために作られた運河

昔から大きな街には必ずといっていいほど川があった。水の確保はもちろん、人や物資の運搬に水運は欠かせないものだったからである。しかし、清洲《すご》越し以前の那古野(名古屋)には大きな川がなかった。

家康は、名古屋城の築城資材運搬のために、港と街をつなぐ川が必要不可欠と考え、熱田湊《みなと》から城下までをつなぐ運河の開削《かいさく》を思い立つ。その大仕事を任せられたのは、広島藩主・福島左衛門太夫正則（福島正則）だった。

正則は、豊臣への忠誠心が厚い秀吉子飼いの武将で、そのため家康に要注意人物と見なされ財政的にも大きな負担の難工事を任されたのだろう。

堀川は名古屋台地の西端に沿って開削された。もともと小さな川が流れていたのを利用したらしい。開削当時の運河の全長は七千二百三十六メートル、川幅二十二メートル、深さは一・八メートルあった。この距離を現在の朝日橋(名古屋城西側)から測ると熱田区の白鳥《しらとり》橋付近になり、当時はこの辺りが海岸線だったことが分かる。

ちなみに、現在の堀川の全長は約十六・二キロメートルある。この運河は最初、正則の名をとって「太夫堀」と呼ばれたが、後に「堀川」と改められる。

大商人の蔵や店が並んだ堀川端

堀川の完成とともに架けられた橋を「堀川七橋《ほりかわななはし》」と呼ぶ。上流から五条橋・中橋・伝馬《てんま》橋・納屋《なや》橋、日置《ひおき》橋・古渡《ふるわたり》橋・尾頭《おとう》橋で、いずれも現存している。

このうち五条橋と伝馬橋は、清洲《きよ》の五条川に架かっていた橋を移転したものという。清洲越しが完了し、尾張名古屋が街として機能し始めると、熱田湊へ届いた物資は堀川を使って名古屋城下へ運び込まれた。堀川沿いには多くの問屋と蔵が並び、名古屋経済の一大拠点となる。五条橋から中橋にかけての東岸一帯には、清洲から移住した材木問屋が集まった。今はもう面影もなく、「木挽町《こびきちょう》通」の名が往時を物語る。五条橋より上流には塩問屋が、伝馬橋周辺には瀬戸物問屋が集中した。錦橋、納屋橋辺りは「奥の市場」と呼ばれ、海産物や野菜を一時水揚げした場所だった。このほか米、味噌、醤油、酒、油、薪炭、肥料等々、さまざまな問屋が軒を連ねた。

「堀川商人」と「碁盤割商人」

五条橋～納屋橋エリアのすぐ東側は、碁盤割商人の町である。堀川端の商人が扱う品物が、材木や塩・米・砂糖・海産物などの〃原材料品〃に対し、碁盤割商人は両替商・酒屋・薬屋・菓子屋・呉服屋・宿屋など〃加工品やサービスなど〃を扱う者たちだった。この二つの商業エリアの間で物資が取引されていたことは容易に想像できる。つまり互いに〃お得意様〃の関係というわけだ。家康の都市計画が、いかに綿密で合理的だったかが分かる。

堀川沿いは桜の名所でもあった
「堀川観桜船図」名古屋城振興協会提供

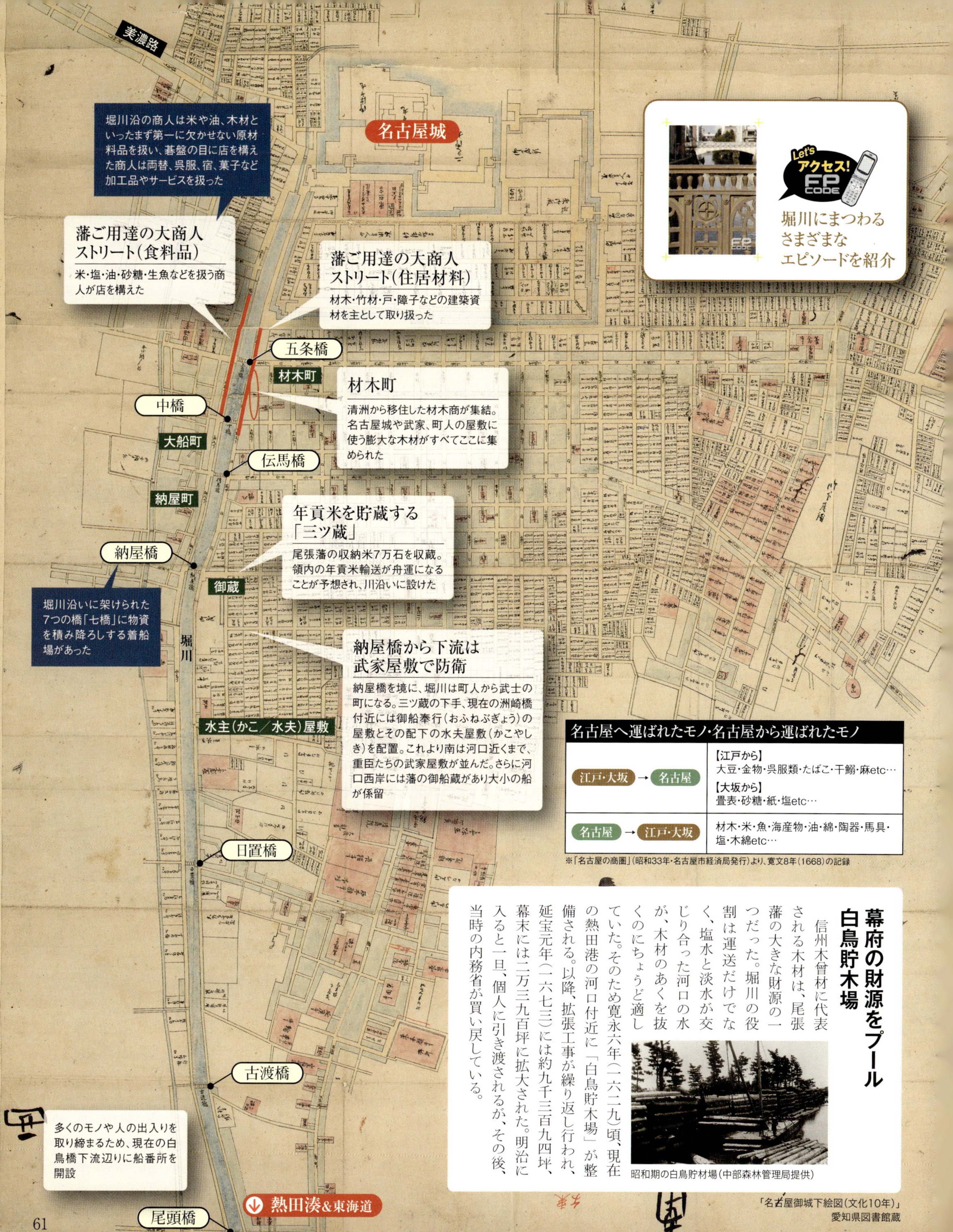

堀川沿の商人は米や油、木材といったまず第一に欠かせない原材料品を扱い、碁盤の目に店を構えた商人は両替、呉服、宿、菓子など加工品やサービスを扱った

藩ご用達の大商人ストリート(食料品)

米・塩・油・砂糖・生魚などを扱う商人が店を構えた

藩ご用達の大商人ストリート(住居材料)

材木・竹材・戸・障子などの建築資材を主として取り扱った

材木町

清洲から移住した材木商が集結。名古屋城や武家、町人の屋敷に使う膨大な木材がすべてここに集められた

年貢米を貯蔵する「三ツ蔵」

尾張藩の収納米7万石を収蔵。領内の年貢米輸送が舟運になることが予想され、川沿いに設けた

堀川沿いに架けられた7つの橋「七橋」に物資を積み降ろしする着船場があった

納屋橋から下流は武家屋敷で防衛

納屋橋を境に、堀川は町人から武士の町になる。三ツ蔵の下手、現在の洲崎橋付近には御船奉行(おふねぶぎょう)の屋敷とその配下の水夫屋敷(かこやしき)を配置。これより南は河口近くまで、重臣たちの武家屋敷が並んだ。さらに河口西岸には藩の御船蔵があり大小の船が係留

多くのモノや人の出入りを取り締まるため、現在の白鳥橋下流辺りに船番所を開設

Let's アクセス! FP CODE

堀川にまつわるさまざまなエピソードを紹介

名古屋へ運ばれたモノ・名古屋から運ばれたモノ

江戸・大坂 → 名古屋	【江戸から】 大豆・金物・呉服類・たばこ・干鰯・麻etc… 【大坂から】 畳表・砂糖・紙・塩etc…
名古屋 → 江戸・大坂	材木・米・魚・海産物・油・綿・陶器・馬具・塩・木綿etc…

※「名古屋の商圏」(昭和33年・名古屋市経済局発行)より、寛文8年(1668)の記録

幕府の財源をプール 白鳥貯木場

信州木曽材に代表される木材は、尾張藩の大きな財源の一つだった。堀川の役割は運送だけでなく、塩水と淡水が交じり合った河口の水が、木材のあくを抜くのにちょうど適していた。そのため寛永六年(一六二九)頃、現在の熱田港の河口付近に「白鳥貯木場」が整備される。以降、拡張工事が繰り返し行われ、延宝元年(一六七三)には約九千三百九四坪、幕末には二万三九百坪に拡大された。明治に入ると一旦、個人に引き渡されるが、その後、当時の内務省が買い戻している。

昭和期の白鳥貯木場(中部森林管理局提供)

「名古屋御城下絵図(文化10年)」愛知県図書館蔵

「名古屋城空撮写真」名古屋城管理事務所提供

屋城下町を歩く

城下町の基礎は私が創る!
区画整理マスター

松井 武兵衛（まつい ぶひょうえ）

6万人規模の大都市・清洲をそのまま名古屋に移すにあたり、普請（土木工事）奉行として城下町の土地を区画整備する「町割り」を担当。そのアウトラインは現在も受け継がれている。ちなみに名古屋市東区の武平（ぶへい）町は、松井武兵衛が住んでいたことに由来するとされている

「松井武兵衛木像」全香寺蔵

2

城下町計画

いまもなお感じる、城下町の名残り

四〇〇年都市名古

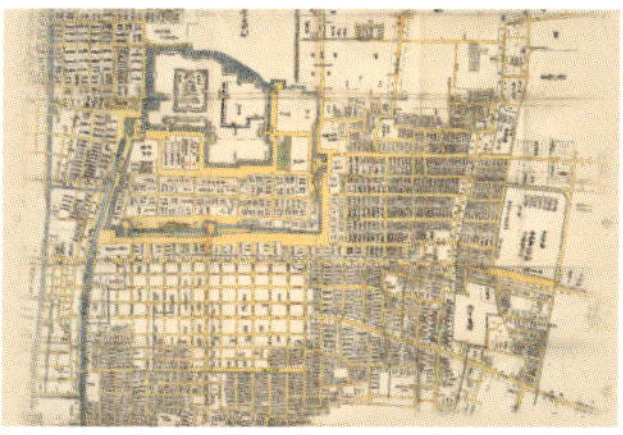

「宝暦十二午改名護屋路見大図」愛知県図書館蔵

実は5度傾いてた
碁盤の目の町割り

城下町の碁盤の目は、反時計回りに5度ほど傾いているという。これは天守の四方に朝日を受ける築城法で、京都御所の紫宸殿にも共通するとされる「朝日受」の影響らしい

武家・町人・社寺が
住み分けしたニュータウン

名古屋の城下町は、武家町・町人町・社寺の3エリアで構成。写真は300石程度の中級武士が居住した「白壁町」エリア。閑静な住宅街が続く

名古屋に根を下ろした
“花の清洲”

「清洲越し」で、清洲城下に居住していた家臣、町人、寺社が民族大移動のごとく、名古屋へと引越した。堀川に架かる「五条橋」など、地名も引き継がれている

伝統的な建造物が
残る町並

城下町の町割りは災害対策に注力して計画された。写真は、延焼を防ぐために道幅を4間（約8メートル）に拡張され、「四間道（しけみち）」と名づけられた通りの町並

名古屋城下町、大解剖

今から約４００年も昔、茫漠とした荒野に突如出現した人工都市・名古屋。現代にも、そのアウトラインが生き続ける、家康の緻密な都市計画プランを、古地図の上で眺めたい。

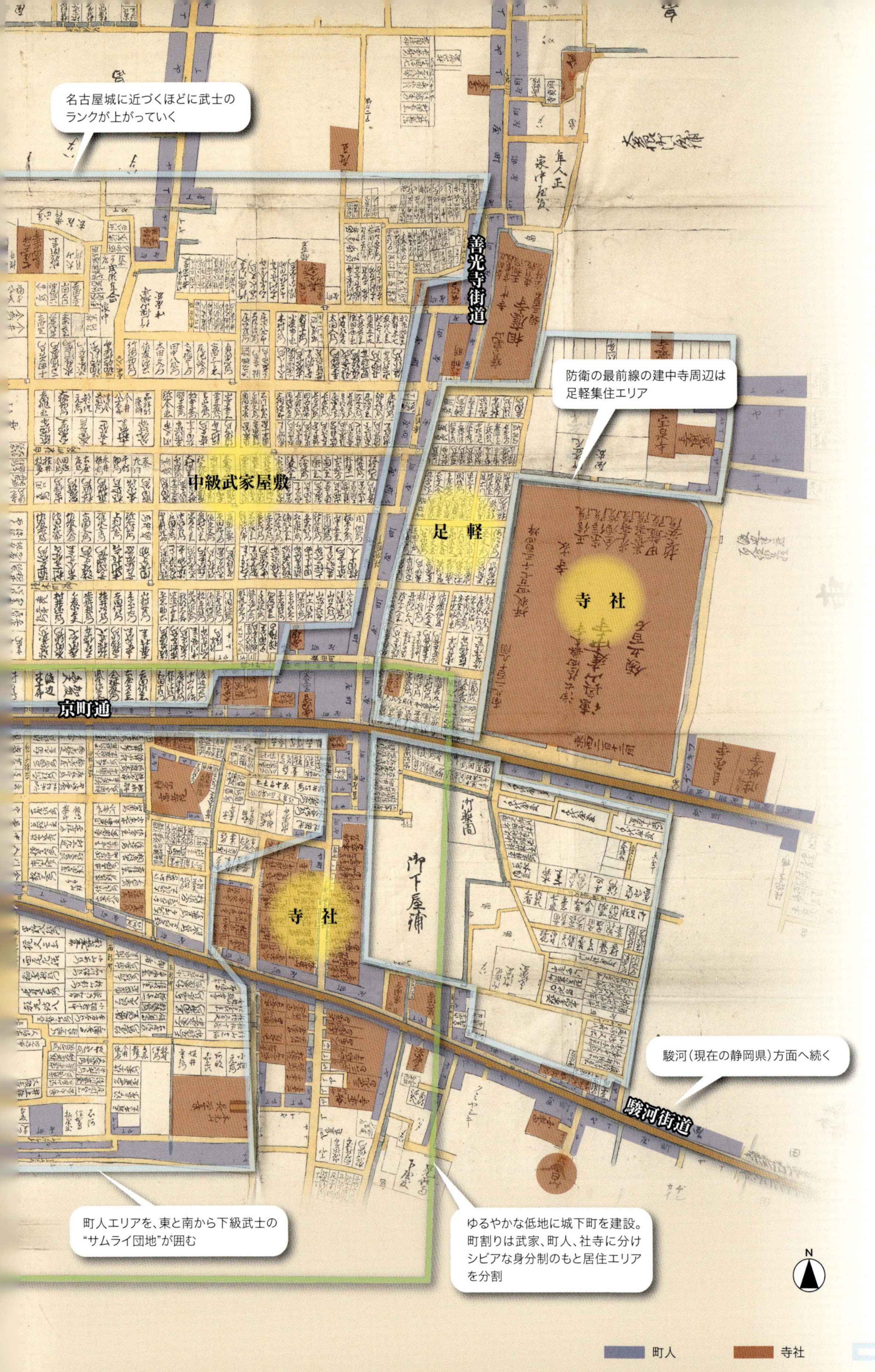

名古屋城に近づくほどに武士のランクが上がっていく
善光寺街道
防衛の最前線の建中寺周辺は足軽集住エリア
中級武家屋敷
足軽
寺社
京町通
寺社
駿河（現在の静岡県）方面へ続く
駿河街道
町人エリアを、東と南から下級武士の“サムライ団地”が囲む
ゆるやかな低地に城下町を建設。町割りは武家、町人、社寺に分けシビアな身分制のもと居住エリアを分割
N
町人
寺社
武家

「宝暦十二年改名護屋路見大図」（愛知県図書館蔵）

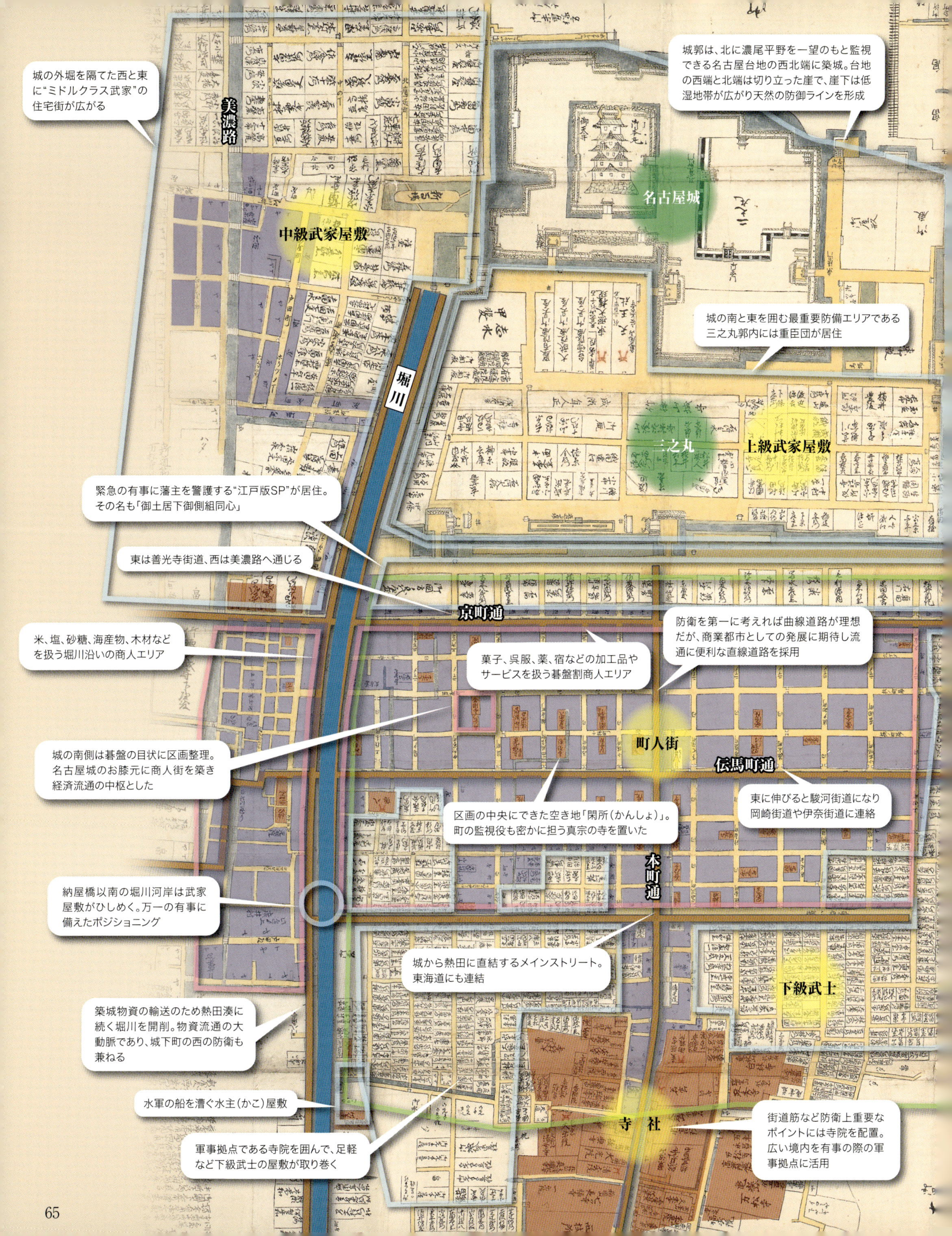

城の外堀を隔てた西と東に“ミドルクラス武家”の住宅街が広がる
美濃路
中級武家屋敷
城郭は、北に濃尾平野を一望のもと監視できる名古屋台地の西北端に築城。台地の西端と北端は切り立った崖で、崖下は低湿地帯が広がり天然の防御ラインを形成
名古屋城
城の南と東を囲む最重要防備エリアである三之丸郭内には重臣団が居住
堀川
三之丸
上級武家屋敷
緊急の有事に藩主を警護する“江戸版SP”が居住。その名も「御土居下御側組同心」
東は善光寺街道、西は美濃路へ通じる
京町通
米、塩、砂糖、海産物、木材などを扱う堀川沿いの商人エリア
菓子、呉服、薬、宿などの加工品やサービスを扱う碁盤割商人エリア
防衛を第一に考えれば曲線道路が理想だが、商業都市としての発展に期待し流通に便利な直線道路を採用
城の南側は碁盤の目状に区画整理。名古屋城のお膝元に商人街を築き経済流通の中枢とした
町人街
伝馬町通
東に伸びると駿河街道になり岡崎街道や伊奈街道に連絡
区画の中央にできた空き地「閑所（かんしょ）」。町の監視役も密かに担う真宗の寺を置いた
本町通
納屋橋以南の堀川河岸は武家屋敷がひしめく。万一の有事に備えたポジショニング
城から熱田に直結するメインストリート。東海道にも連結
下級武士
築城物資の輸送のため熱田湊に続く堀川を開削。物資流通の大動脈であり、城下町の西の防衛も兼ねる
水軍の船を漕ぐ水主（かこ）屋敷
寺社
街道筋など防衛上重要なポイントには寺院を配置。広い境内を有事の際の軍事拠点に活用
軍事拠点である寺院を囲んで、足軽など下級武士の屋敷が取り巻く

城下町・武家エリア

たたずむ武家屋敷跡から当時の面影を追跡する

名古屋城に近いほどセレブ武士？

家の格式や役職によって領地規模が定められた武家地は、身分が高いほど城の近くに配置されていた。当然、家老など家格の高い重臣たちは広い領地を与えられ、メインの上屋敷《かみやしき》だけでなく、別荘ともとれる中屋敷《なかやしき》・下屋敷《しもやしき》・控屋敷《ひかえやしき》を城の南と東を囲む最重要防備エリアである三之丸郭内に持った。

この三之丸御門周辺一帯で絶大な権力を誇ったのが、当時の役職としては最高位にあった尾張藩※御附家老《おつけがろう》の成瀬家と竹腰《たけごし》家だった。成瀬家の上屋敷（現・名城病院付近）と竹腰家の上屋敷（現・愛知県警察本部付近）の領地面積を他の重臣武家と比べても、その広さの違いは歴然だった。

さらに藩主ともなるとそのスケールは桁違いである。「大曽根屋敷《おおぞねやしき》」は歴代尾張藩主の中でも、最長寿を誇った二代藩主・徳川光友《みつとも》の隠居場所で城の東方およそ三キロメートルの地に築かれた。邸内は十六艘立ての船が浮かぶ泉水や、光友が好んだという自然にあふれていたという。

中級・下級武士の屋敷は城下町防衛の役目を担う

さらに城の外堀を隔てた東西には中級クラスの武家地を配した。東側は主に、屋敷の白壁が連なった様子から命名された白壁《しらかべ》町、またこの地に初めて屋敷を構えた尾張藩の年貢管理元である勘定奉行・野呂瀬《のろせ》主税《ちから》にちなんで名付けられた主税《ちから》町、さらに東西に走る道路の西端が撞木《しゅもく》（鐘などを打ち鳴らす丁字形《ちょうじがた》の仏具）の形だったことからその名が付いた撞木町といった三つの町からなっている。同地域は太平洋戦争を免れたため、往時の面影が現在も色濃く残っている。

そして南に広がる町人エリアを東と南から下級武士の屋敷が囲い込んだ。はっきりと格付けされ、エリアを定められたこれらの武家地は、実に城下町の約六割を占めており、そこには家康によって考えられた緻密な防衛プランが盛り込まれていたのである。

ここで鉄壁の守りを誇る軍事要塞において、忘れてはならないのが特別警備集団の存在である。その名も「御《お》土居下御側組同心《どいしたおそばぐみどうしん》」。彼らは、非常時に備えて城の郭外北東に住み、いざ！という時には、二之丸庭園の埋門《うずみもん》から脱出してきた藩主を警護して、木曽路に脱出させる密命を帯びていた。現代でいうところのSPである。

特殊技能を身に付けるは尾張藩士のたしなみ？

藩政において行政を担当した藩士は、いわば公務員だ。もちろん営利目的の職種に携わることは許されていなかったのだが、尾張藩の下級武士の間では生計《せいけい》の足しにと〝内職〟が当然のように続けられていた。というのも尾張藩がどういう訳か、彼らの副業を「職芸《しょくげい》」と呼んで届け出させ、公認していたからだ。

職芸の種類は実に多く、大工や木《こ》挽《びき》・畳職・武具細工師・鍛冶職・金物職などのほかに、からかさ細工や竹細工も届けられていたのだが、これも後に〝ものづくり名古屋〟や〝芸どころ名古屋〟を推進させたエッセンスといえるだろう。

武士であり職人であるという特殊な尾張藩士が登場したのも、江戸期は大きな戦が起こらなかった泰平の時代であったことが、間接的理由として挙げられるのかもしれない。

藩政改革で「明倫堂」が開校

一方、天保期（一八三〇〜四三）の尾張藩といえば、赤字を抱える財政難にあり、武士たちの間で動揺が広がり深刻化していた。そこで士風を引き締めようと、藩士への学問教育が重要視されるようになった。そこで九代藩主・宗睦《むねちか》は藩政改革の一環として藩校を設立。こうして「明倫堂《めいりんどう》」が誕生した。尾張出身の儒者・細井平洲《へいしゅう》を初代総裁に、有力学派の指導者を教授陣に迎えて開講したのである。

「渡辺半蔵守綱像」守綱寺蔵
豊田市郷土資料館提供

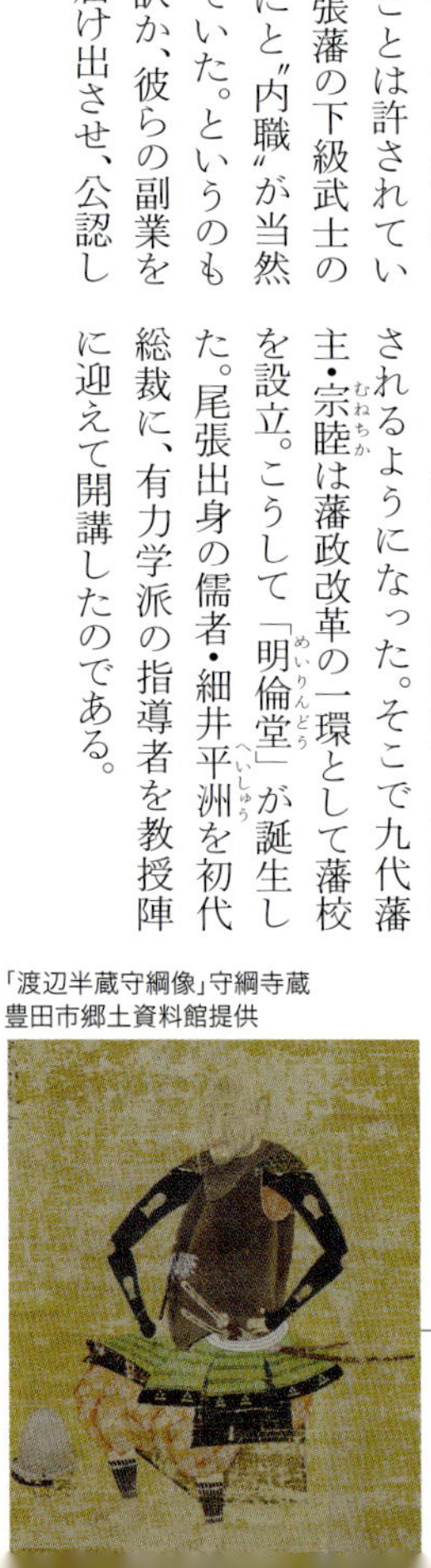

成瀬正成（なるせまさなり）永禄10年〜寛永2年（1567〜1625）

幼少の頃から家康に仕え、絶大な信頼を得ていた。慶長15年（1610）、家康の命で尾張藩の初代藩主・義直（よしなお）の政務や軍事の補佐、養育係も担う御附家老（おつけがろう）となり、元和3年（1617）には3万5000石の犬山城（現・愛知県犬山市）を預けられた

渡辺半蔵（わたなべはんぞう）天文11年〜元和6年（1542〜1620）

若くから徳川家康の家臣として仕え、家康の9男・義直の附家老に。大坂冬の陣、大坂夏の陣に出陣し義直の初陣を後見。墓所は愛知県名古屋市の興善寺にある

（※）将軍家に対する御三家の忠義を確認するために、監督、指導を行う家老

「成瀬正成像」
白林（はくりん）寺蔵

「明治初期の名古屋城下成瀬正肥中屋敷」徳川林政史研究所蔵

成瀬正肥邸(成瀬正成の子孫)があった辺りには、名古屋屈指の進学校・明倫高校が建つ。同校の前身は、藩士だけでなく農民や町人にも聴講を許した藩校・明倫堂だという

MAP No.01 A-3

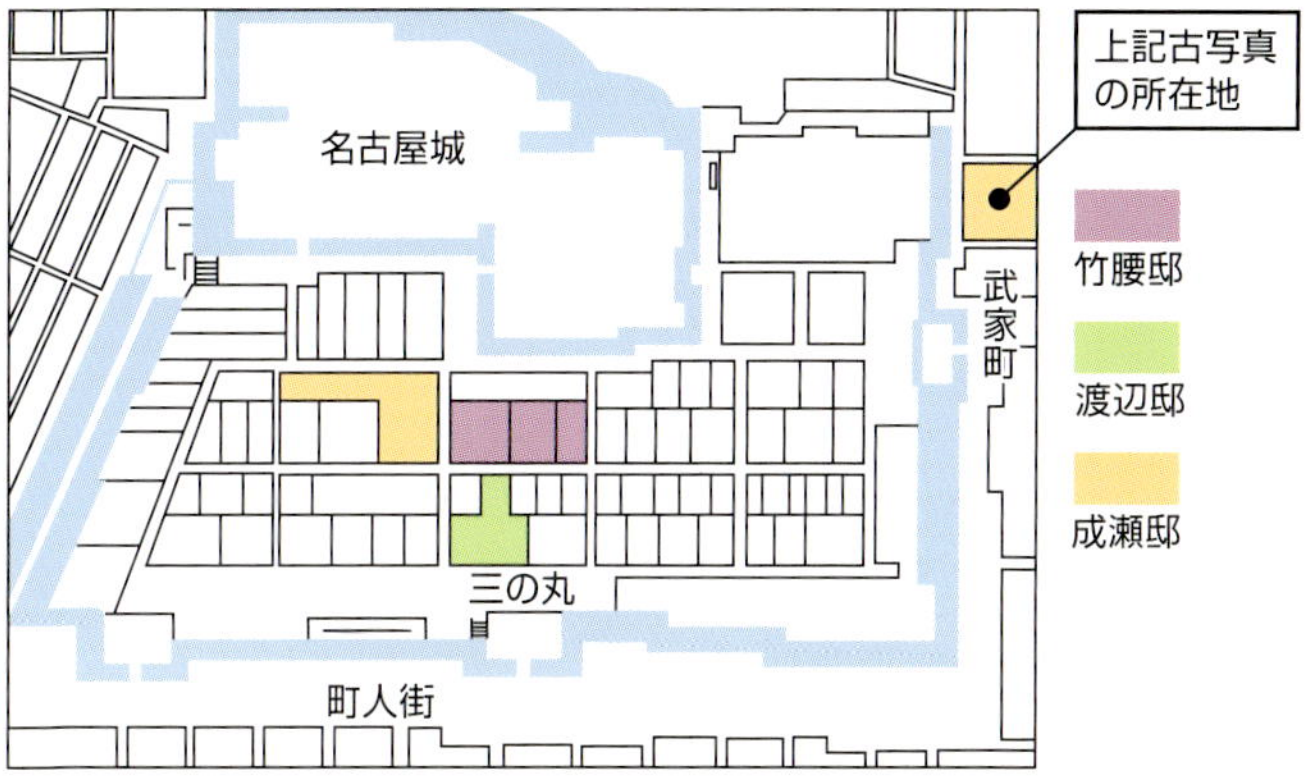

表二之門周辺

名古屋市中区本丸1-1 名古屋城内

鉄張りの柱・扉と鉄砲を撃つための小窓が開いた塀が、当時の守りの堅さを物語る。重要文化財に指定

MAP No.02 A-3

香楽《こうらく》

名古屋市東区主税町3-3

写真の門は250年前に建て替られたもの。元は中級尾張藩士の屋敷だったが、昭和初期より料亭「香楽」が営業

MAP No.04 C-3

主税町長屋門《ちからちょうながやもん》

名古屋市東区主税町4-72-1

左手前に門番の部屋、右奥に納屋がある100～1万石未満の武士が構えていたとされる典型的な長屋門

MAP No.04 A-3

旧志水甲斐守邸車寄《きゅうしみずかいのかみていくるまよせ》

名古屋市西区児玉3丁目13-38 大矢邸

現在の名古屋能楽堂付近にあった家老・志水甲斐守の車寄(玄関) は、保存を願う大矢氏が買い受けし移築したもの

升屋半三郎茶舗
商人であるとともに町奉行所の御用達も拝命していた。写真は明治期のもの（升半茶店提供）

いとう呉服店
松坂屋の前身。明治期、呉服店時代の店舗の様子（松坂屋提供）

城下町・町人エリア

商業都市、名古屋の原点ここにあり！立役者は、商人たちだった

城下町の発展と未来を商売人に託して

武士階層を目当てに、各地から武具や食料などを扱う商売人が、清洲越しと同時に名古屋に集結した。

家康のプランにあったのが、当時としては極めて大胆かつ画期的な商人中心主義であったため、城下町は商人の町として整備され、慶長十八年（一六一三）には武家エリアにガッチリと囲まれた商業地帯が、重臣団の住む三之丸の南に完成する。

これまでならば、城を守るための最重要地である城下町の外側に町人地が作られたが、名古屋の場合は内側に「碁盤割《ごばんわり》」という規則的な区画割りで町並みが形成された。それは多くの普請奉行《ふしんぶぎょう》たちの活躍によって、家康の希望を実現しているが、中でも地割担当・小野寺源太、町割担当・三沢藤三、町割と測量担当・松井武兵衛《ぶひょうえ》の三人の連携プレーが際立つ。

町の道路は流通がスムーズに行われるよう、商業に適した直線直行に整備。一辺が五十間（約百メートル）という正方形の区画を、東西南北に九十九ブロック作り、さらに各ブロックの中に、通りに面した玄関を持つ細長い宅地を割り当てた。そうすると、正方形ブロックの中央に空地が出来てしまう。それは「閑所《かんしょ》」と呼ばれ、当初は住民たちの集会などに利用されていたが、後には町の監視も密かに行う真宗の寺が配置された。

本町通に集中した豪商。誰もが知るあの有名店も

碁盤割の中心を南北に走るメインストリートが本町通である。ここで商売をすることが、当時の商人たちにとってはステータスであったため、多くの豪商たちがこぞって暖簾《のれん》を掲げたという。

本町通の北にあたる本町は、「書林《しょりん》風月堂孫助《ふうげつどうまごすけ》」や、和菓子店「桔梗屋池《ききょうやいけ》田又兵衛《だまたべえ》」など、そうそうたる顔ぶれの旧家豪商らが店を構えた。さらに本町の南にあたる富田町では、大丸百貨店の前身である「下むら呉服店」が、京都から呉服を持参して商売を始めている。

また、当時茶師・茶坊主が専売していた宇治抹茶の販売機構の改善を志した升屋半三郎が店舗を構えたのが現在の「升半《ますはん》茶店」であるが、創業以来およそ一六〇〇年余もほぼ立地を変えずに今も商いは続いている。

そんな中で、本町通に面した一等地の茶屋町に屋敷を構えていたのが、「尾州茶屋家《びしゅうちゃやけ》」である。京都の豪商・茶屋家の分家として初代・新四郎が創設したことに始まるが、本家と同様に徳川御三家の公儀呉服師を務め、尾張藩の呉服御用を独占する別格の特権的商人であった。しかも、諸大名の接待などにあたる饗応《きょうおう》をはじめ、藩のさまざまな御用をも務めており、その身分は商人であると同時に武士であったという。

松坂屋《まつざかや》

名古屋市中区栄3-16-1

名古屋はもとより、日本の百貨店でも1、2の歴史を誇る元呉服店。近年、記憶に新しいのは、同じく江戸期に名古屋で繁盛した大丸との経営統合

MAP No.09 B-2

丸栄《まるえい》

名古屋市中区栄3-16-1

呉服店が前身の百貨店、丸栄（旧十一屋呉服店）の現在の様子。昭和28年（1953）に現在地に本館を建築

MAP No.05 B-4

升半茶店《ますはん》 本店

名古屋市中区錦2-7-1

旧升屋半三郎茶舗。昭和25年に、戦後の区画整理により創業地の向かい側に移転。現在5代目が跡を継ぐ

MAP No.06 A-3

河文《かわぶん》

名古屋市中区丸の内2-12-19

河内屋文左衛門(かわちやぶんざえもん)が創業した料亭。料亭としては名古屋で最も歴史が古く、尾張徳川家にも贔屓(ひいき)にされた

MAP No.05 C-2

美濃忠《みのちゅう》 本店

名古屋市中区丸の内1-5-31

尾張藩御用の菓子屋を務めた桔梗(ききょう)屋から暖簾分けされた和菓子の老舗。桔梗屋は絶えたが、その味を受け継いでいる

MAP No.06 B-2

両口屋是清《りょうぐちやこれきよ》 本店

名古屋市中区丸の内3-14-23

寛永11年（1634）那古野本町にて創業。尾張藩二代藩主・光友より手書きの表看板を拝領。尾張藩御用菓子の味を今に伝える

MAP No.05 C-2

十一屋呉服店

呉服店として摂津の小出庄兵衛によって創業された丸栄の前身。江戸期は本町通に、大正期には広小路に移転した（丸栄提供）

藩の台所事情をも支える御用商人の誕生

しかし、茶屋家の羽振りのよさも衰える時代がやってくる。七代藩主・徳川宗春《むねはる》は、庶民が楽しめる政治を推進するという、何とも独創的な理念を掲げ、旧家豪商・茶屋家のような特権的商人に代わって、松坂屋の前身・伊藤家や丸栄の前身・十一屋《じゅういちや》などの新興商人を積極的に取り立てた。伊藤家といえば、清洲越しで本町に移り呉服問屋を開店、その後、茶屋町に移転し小売に転業、代金後払いをしない「現金掛値なし」という新商法が成功し、尾張藩の呉服御用を務めるまでに上りつめた。

こうして商人たちは成功を収め、さらなる財を蓄積していった。一方で富裕な商人とは打って変わり、尾張藩の財政は徳川御三家筆頭でありながら、壮大な寺院の建設や暴風水害の救済復旧、あるいは参勤交代制による江戸出府などで出費が重なり、必ずしも安泰ではなかった。さらに、追い討ちをかけるかのように、宗春が振興した芝居や祭によって、藩財政は〝赤字街道〟を突き進んだ。その情勢を救う一策として「御勝手御用達《おかってごようたし》」を制定。有力商人を九つのランクに格付けし、赤字補《ほ》填《てん》に莫大な調達金を課した。

この御用商人の上位ランクに格付けされることは、大変名誉なことであったが、裏を返せば調達金額を決定する基準となっていたともいえるので、商人たちはジレンマを感じていたことだろう。

城下町・寺社エリア

人々が集う、信仰と娯楽と防衛のワンダーランド

数百以上の寺院が清洲越しでお引越

清洲越《きよすご》しの大移動では、武家や町人だけでなく、寺社も移された。その数、なんと一〇〇以上もあったそうだ。

寺社は、武器の備蓄や要員の隠れ家として、広大な寺領を軍事的に活用する家康のもくろみがあり、それは最重要課題の一つだった。ゆえに開府前からの那古野《なごや》にあった万松寺《ばんしょうじ》なども含めた多くの寺社を敵に攻め込まれやすい東と南の平野部に、宗派別に集団配置した。これらの寺社は、いざ攻め込まれた時の防御拠点だったが、庶民に影響力の高い寺社を統制・管理する目的もあったとされている。

まず東の地域には、中級武家地である白壁町《しらかべちょう》・主税町《ちからまち》・撞木町《しゅもくちょう》を城郭の外側に配し、さらに比較的中小の寺社が、岡崎街道・飯田街道からの敵陣侵入に備えて集められた。このエリア一帯を東寺町《ひがしてらまち》と呼んだが、主に曹洞宗と日蓮宗、二つの宗派が配置されたため、曹洞宗の寺院郡を禅寺町、日蓮宗の寺院郡を法華寺町と称するようになった。現在の中区新栄一丁目・東区東桜二丁目辺りを指す。

有事の最前線かつエネルギッシュな娯楽の場

一方、南の地域は南寺町《みなみてらまち》と総称。熱田に通じる街道を守る拠点として、禅宗や大きな建物を持つ真言宗の寺を配した。ここは信仰と同時に、見世物小屋が境内に建ち、コミカルで大掛かりな籠細工や芝居が興行されるなど、大衆娯楽が栄えたエリアでもある。中でも有名なのが、「大須観音《おおすかんのん》」こと真《しん》福寺《ぷくじ》。現在でも地元の人から親しまれており、門前町は名古屋屈指の商店街としてにぎわっている。そもそもは、家康が岐阜より当地へ移した寺であり、歴代尾張藩主の崇敬を受け、藩により厚く保護されてきた。

ほかにも大須周辺には、桜と紅葉の名所でもあった七寺《ななつでら》や、「御坊《ごぼう》さん」と親しみを込めて呼ばれている名古屋別院、隠れキリシタンの刑場跡に処刑者慰霊のために建てた永国寺《えいこくじ》や通称「西別院」の本願寺名古屋別院など、寺集まるところに庶民が集い、名古屋で最もにぎやかな繁華街となっていった。

これらの寺社には、それ相応の広大な敷地が与えられている。東寺町の建中寺は数ある寺社の中でもナンバーワンで、なんと四万七千三百四坪の群を抜く面積を誇り、実に名古屋ドームの約三個分の広さに相当する。続いて二位に万松寺の二万二千三百九坪、三位に願証寺九千八十五坪、四位に総見寺九千四十六坪と続く。こうした広大な寺社エリアが、信仰と民衆娯楽の中心地となったのだ。

大須観音の門前町として栄えた大須商店街。現在でも、大道芸などが催されている

大須観音《おおすかんのん》（真福寺《しんぷくじ》）

名古屋市中区大須2-21-47

今も昔も庶民の町、大須を代表する寺院。寺宝に国宝『古事記』を所蔵している

MAP No.10 A-4

大須観音でのデビュー機に空前のラクダブーム到来!?

文政4年（1826）、オランダから渡来したラクダが大須観音に見せ物としてお目見えした。当時、異国の動物には不思議な力があると考えられていたようで、ラクダの絵が疱瘡（ほうそう）や麻疹（はしか）に効くともてはやされたほか、夫婦仲が睦まじいラクダを一度見れば家が繁栄するといわれるなど、空前のラクダブームが巻き起こった

「絵本駱駝具誌」神戸市立博物館蔵

「明治期の大須観音」長崎大学附属図書館蔵

興正寺《こうしょうじ》

名古屋市昭和区八事本町78

名古屋東南入口に立地していたため、尾張藩の防衛拠点として使用されたといわれている

政秀寺《せいしゅうじ》

名古屋市中区栄3-34-23

織田信長の素行の悪さを諌めて自害した守役・平手政秀（ひらてまさひで）の菩提を、信長が京都から禅僧を招いて弔ったという

MAP No.09 C-2

万松寺 提供

万松寺《ばんしょうじ》

名古屋市中区大須3-29-12

信長の父・信秀が創建。若き日の信長が当寺で行われた父の葬儀の席で、仏前に抹香（まっこう）を投げつけた話は有名

MAP No.09 C-4

建中寺《けんちゅうじ》

名古屋市東区筒井1

尾張随一の広大な敷地面積を誇る歴代尾張徳川家の菩提寺。二代藩主光友が父・義直追善供養のため建立した

MAP No.03 B-3

板絵「名古屋城下町風景」夢童由里子画

なり

殿様から庶民まで、芸能芸事を愛した尾張名古屋。そんな風潮を指して、「芸どころ名古屋」と現在も言われている。初代藩主・義直は小鼓、二代・光友は舞や琴の名手であり、家臣までも能を修得して、来藩した客に披露していたとか。また農業・林業など生産性の高い土地に恵まれていた尾張では、人々の暮らしは豊かで、芝居を見たり芸事を習うなど、文化を楽しむ余裕があったようだ。

そのような素地の上に、登場した尾張藩七代藩主・宗春が、芸能文化の積極振興策を展開。江戸・大坂・京都の三都に次ぐ大都会へと発展するとともに、さまざまな文化・芸能・技術の花が開花していったのである。多様性があり層が厚く、そして熱心。名古屋から発信された歴史ある文化も多い。

からくり人形「宗春爛漫」より／人形作家・夢童由里子作（大須観音境内に設置）
華やかな衣装を身にまとい、城下を白牛に乗って練り歩く徳川宗春

3

花開く尾張文化

尾張名古屋は芸どころ

芸能文化の玉手箱

Let's アクセス! FP CODE

松隠軒提供

京都から名古屋に引越した志野流香道

香道二派の一つ、「志野流」の本拠地はここ名古屋。享保年間あたりから香道が栄え始め、京都から志野流の家元を招き指導を受けていた。江戸末期、家元・蜂谷家は戦渦を逃れるために名古屋に移転した

大須商店街連盟提供

現代によみがえる尾張の芸人魂

近世尾張で盛んに興行されてきた軽業や曲芸などの見世物。そのにぎわいを復活させようと、当時の盛り場であった大須では、昭和53年（1978）から毎年「大須大道町人祭」を開催。現在はジャグリングやパントマイム、獅子舞いなどが楽しめる

琴城流琴城会提供

大須生まれの男、大正琴を発明

明治8年（1875）、当時盛り場であった大須に生まれた森田五郎は、幼少より種々の楽器を弾きこなしていた。ロンドンで見たタイプライターにヒントを得て、大正元年（1912）に大正琴を発明した

尾張名古屋は「漫才」発祥の地!

漫才のルーツは平安期に起源を持つ「萬歳（まんざい）」。太夫と才蔵が、滑稽な問答をしながら家々で祝言を唱える祝福芸能だ。明治27年（1894）、玉子屋円辰（たまごやえんたつ）という江州音頭取り芸人が、愛知で「尾張萬歳」を学び、これを大阪で興行すると大当たり。以降、このスタイルが流行し、昭和8年（1933）に吉本興業が「漫才」という言葉を使い今に至っている

本当の「暴れん坊」は尾張にいた!!

S 宗春

徳川宗春、衝撃の藩主デビュー

時は享保十五年(一七三〇)、ドラマ「暴れん坊将軍」でおなじみの八代将軍・徳川吉宗が、悪化した幕府財政再建のため、徹底した倹約・緊縮主義の「享保の改革」を断行する中、新たな尾張藩主が誕生した。七代藩主・徳川宗春である。

初のお国入りは、浅黄《あさぎ》色の頭巾にふちが巻き上がったべっこうの丸笠、衣装は足袋まで黒ずくめ……と歌舞伎役者のような奇抜なファッションで登場し、民衆を驚愕させた宗春。かたや吉宗は、厳冬にも襦袢《じゅばん》を身につけず、肌着や羽織、袴も木綿を愛用と、将軍自ら質素倹約に勤《いそ》しんだという。余りにも対照的な二人の姿はその後の対立を示唆していたといえるだろう。

規制緩和で吉宗に真っ向から政策対立

三代藩主・綱誠《つなのぶ》の二十男である宗春は、三十四歳の時、吉宗から奥州梁《やな》川《がわ》三万石を拝領する。しかし翌年、兄の六代藩主・継友《つぐとも》が急死。他の兄たちは病身のため、思いがけず跡を継ぐこととなった。

継友の時代、御三家筆頭である尾張家が八代将軍の座を紀州家と争って破れたという経緯から、藩主の座を手に入れた宗春の心中には、吉宗への反骨の精神があったのかもしれない。藩主に就任するや、自らの政治理念を記した『温知政要《おんちせいよう》』という著書を出版。二十一カ条にわたるその内容は、身分に関係なく、個性や人命を尊重すべしという人権思想を表明。さらに規制を緩和し、積極消費を促すことにより社会は活性化するものだと主張した。これはまさしく、吉宗が進める改革政治に対する、真っ向からの批判でもあったのだ……。

倹約なんぞどこ吹く風 宗春名古屋、大いに盛り上がる

独自の理念に基づいた自由化政策を、宗春は名古屋城下で次々に実行していく。倹約令のもと縮小されていた祭りや盆踊りは、派手に盛大に。芝居小屋を増設し、武士の芝居見物の禁も解いて芸能を盛んに興《おこ》した。また、吉原などの幕府許可の地以外では禁じられていた遊郭を、富士見原《ふじみはら》・西小路・葛町《かづらまち》の三か所に設置。城下は、

徳川宗春
元禄9年(1696)〜明和元年(1764)

「派手に楽しんでこそ、経済や生活も活性化されるのです」

『享保尾事』(部分)徳川林政史研究所蔵

尾張藩主・宗春、将軍・吉宗に真っ向対立。

吉宗 V

徳川吉宗

貞享元年(1684)〜宝暦元年(1751)

「徳川吉宗銅像」島津建築設計事務所提供

夏には連日花火が打ち上げられ、提灯や行灯《あんどん》が煌々《こうこう》と輝き、三味線や太鼓がにぎやかに鳴り響いていたという。

享保の改革で全国が火の消えたように沈滞するなか、唯一華ぎあふれた名古屋。その輝きにひかれて、次から次へと人が押し寄せる。「名古屋の繁華に興(京)がさめた」といわれるほどに名古屋は、江戸・京都・大坂に次ぐ都会として生まれ変わったのであった。

宗春失脚。名古屋ドリームの終焉と一〇〇年の謹慎刑

堅実に改革を進める吉宗から見れば、そのような藩政を押し進める宗春は足元をすくわんばかりの、まさに「暴れん坊」。吉宗の政治に不満を持つ庶民が宗春を支持する風潮も高まり、将軍としては幕府権力を維持するためにも、これ以上宗春を野放しにするわけにはいかない! 果ては自身の江戸藩邸にまで庶民を引き入れ、派手に振る舞う宗春に対し、吉宗は使者を派遣。倹約令を守らない理由を問うといった、三カ条の詰問を出し、宗春の行動をとがめる。だが宗春は反論。両者の緊張はますます高まっていった。

しかし宗春自身、その数年後には、政策を転換せずにはいられなくなっていった。急激な自由化は武家や庶民の風紀の乱れをもたらし、また藩財政は膨大な赤字に転落。藩は町人から借金をせねばならないほどの窮状に陥ってしまったのだ。ついに宗春は、自ら芝居小屋や遊郭の縮小、さらに家臣への風紀粛正を命じたが、時すでに遅し。元文四年(一七三九)正月早々、吉宗は藩を困窮に陥れたという理由で、とうとう宗春に蟄居謹慎《ちっきょきんしん》を言い渡す。このとき宗春四十四歳。わずか八年の治世であった。

華美な衣装で物見遊山を楽しんでいた宗春は、以後二十五年間、屋敷に幽閉される身となった。そして、死ぬまで謹慎が解かれなかったばかりか、六十九歳で没してなお、建中寺(名古屋市東区)にある墓石には金網がかけられ、自由を縛られたのである。その金網が解かれたのは、没後七十五年というから、約百年の謹慎を受けた宗春。幕府にそうまでさせるほど、宗春と彼が開花させた尾張名古屋のエネルギーは、巨大だったのかもしれない。

「倹約令を無視し奢侈《しゃし》にふけるとは言語道断!」

名古屋だけが光っていた! 宗春時代の城下町は

空前絶後の大フィーバー

贅沢が禁じられていた江戸時代において、人々の楽しみは城下の祭りや芝居など。そこにすらかけられた幕府の規制の網を、一気にふりほどいたのが宗春だった。

宗春時代の華やかな城下町の様子は、尾張藩家老・石河《いしこ》家に伝来する「享《きょう》元絵巻《げんえまき》」に描かれている。大須観音や七寺など、社寺の境内に設置された芝居小屋。富士見原や西小路の宗春公許の遊郭。その興を求めて通りには人があふれている。人が集まれば店が出る。本町筋の両側には見世物小屋、食べ物屋、旅籠屋、呉服屋などが立ち並び、広小路から南の「南寺町」とされる一帯は、実に活気にあふれる盛り場となっていった。商売が繁盛するに従い、多くの職人が名古屋に集い、商工業も発展。名古屋にやってきた役者や芸能者の中にはそのまま住みついた者もいて、この時期人口も、五万人台から七万人台へと増加したとか。そうして蓄積されたものも「芸どころ名古屋」の素地の一つといえるだろう。

徳川宗春が統治した時代の城下町が描かれた「享元絵巻」名古屋城管理事務所蔵

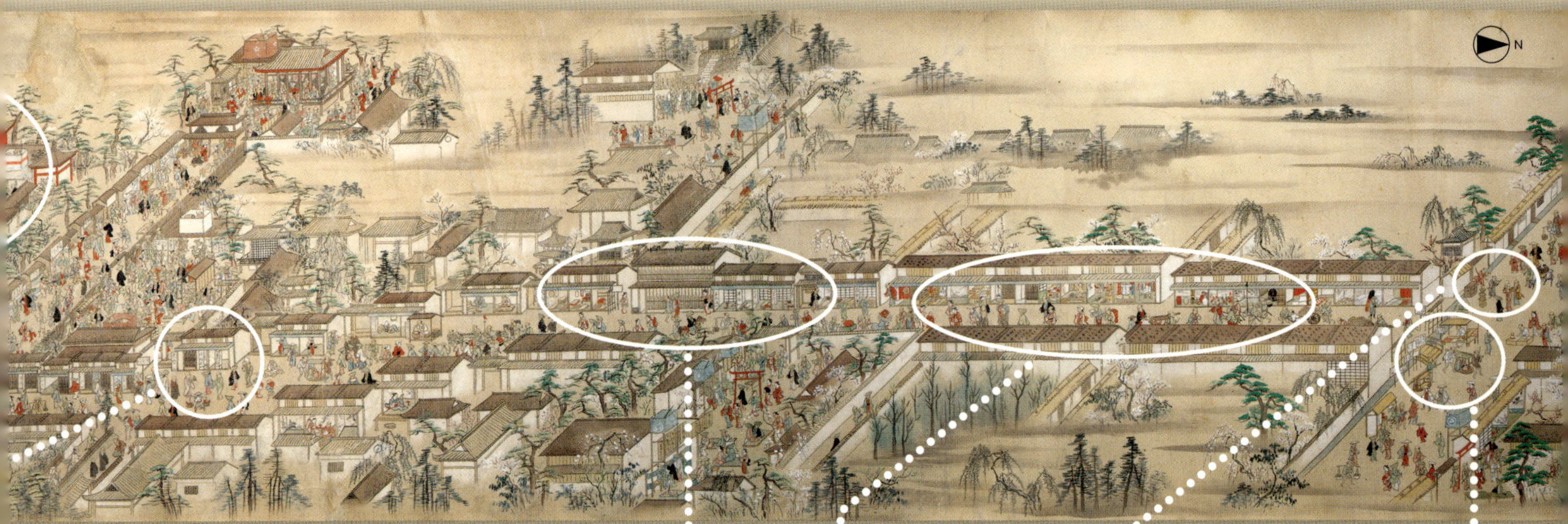

宗春専用の観賞ルーム発見?

若宮八幡社の前に建つ2階建、総格子戸で異様に立派な建物。一説によると、享保18年(1733)頃に宗春が作らせたという、かの「御物見(おんものみ)」で若宮八幡宮などの祭礼を鑑賞するためのものだ。両側の家よりも3間(約5.4メートル)も高いらしい

アクロバティックな大道芸人と遭遇

いたるところで曲芸、軽業などアクロバティックな大道芸を披露している様子が描かれている

本町通はトレンドの発信地

さまざまな商家が軒を連ね、まさにショッピングストリートといっても過言ではない。小袖や薬種、食品、さらには花火屋。軒先に大きなキセルを吊したタバコ屋もある

立て看板で、大須へいらっしゃ〜い!

上(西)から下(東)を走るのがメインストリートの広小路通。左右(南北)を横切るのが本町通で、ここはちょうど交差点にあたる。木橋を左(南)に渡ると大須観音に辿りつく。広小路通の人々を誘いこむために、案内の立て看板を設置

門限は四つ時(午後10時)!

名古屋の城下町では、町内の辻ごとに城下への出入りの監視を行う木戸が設けられ、夜10時には閉門したらしい。とりわけ重要な街道の出入り口には大木戸が設けられており、描かれているのは、橘町の大木戸である

全国でも唯一、武士の芝居鑑賞が許されていた

上部を幕で囲った四本柱の櫓(やぐら)が芝居小屋の目印。内部では太鼓を叩いている。立て札は役者の名を記したものだ。黒い羽織姿の上級武士らしき人物が見られるが、宗春により武士の芝居見学が解禁される以前の武士は『鸚鵡籠中記(おうむろちゅうき)』によると「頭巾を被り、町人姿に化けて浄瑠璃や歌舞伎をこっそり見物した」という。つまり全国でも名古屋だけが大手を振って芝居を楽しめるようになったというわけだ

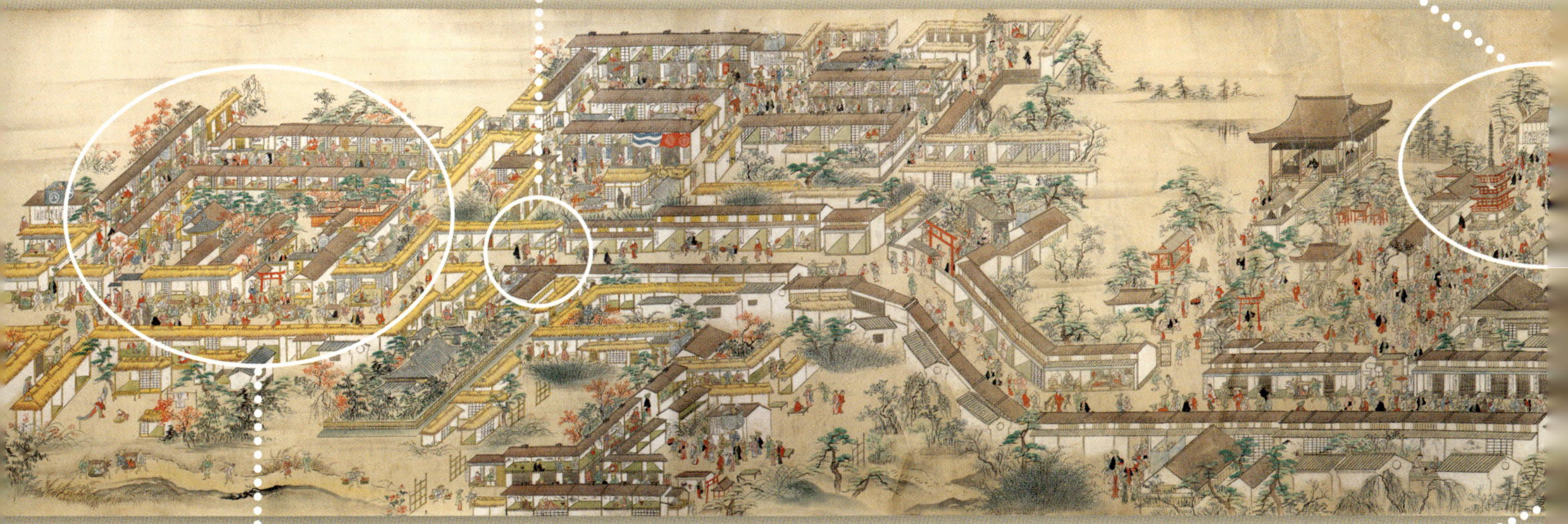

勝手に3つも遊郭を作っちゃいました

江戸の吉原、京都の島原、大坂の新町しか幕府公許の遊郭がない中、宗春は城下町に富士見原・西小路・葛町の3ヵ所を公認。各町には40軒前後の茶屋があり、それぞれ200人ほどの遊女を擁していたそうだ。絵は葛町遊郭の様子

餅くふ(食う)かあ……
逆から読むと、「あかふく餅」

中央の店の看板には「赤福餅」の三文字が。餅くふかあと看板を掲げる店もあったとか。ちなみに当時の赤福餅とは、砂糖が大量に入った大角豆餅(ささげもち)だった。うどんや蕎麦、御手洗団子などの屋台も描かれている

寺の境内で相撲興行、一等地に象も出現。
江戸時代の名古屋は、スペクタクルな出来事が満載だった。
毎日が縁日?な“盛り場”の今昔を歴訪する

“盛り場 今昔”

名古屋の金融街となった錦通長島町交差点付近

今 博物館のルーツは、名古屋にあった!

MAP No.06 A-4

巨大な蛇や鶴を囲む大勢の人だかり。動物園かと思いきや、実は「尾張医学館」による薬品会である。藩医・浅井家による薬草標本の展示を目的としたイベントは、動物や木像の人骨など医学に関するあらゆる資料が見られるとあって、大変な賑わいをみせた。展示資料を基にして医薬学の歴史を説明する当時の画期的な手法は、博物館の原点ともいわれている。かつて尾張医学館があったのは、中区錦2丁目の錦通長島町交差点付近。今では周辺に大手銀行や証券会社が立ち並び、さながら名古屋のウォール街となっている。

(尾張医学館跡/名古屋市中区錦あたり)

『尾張名所図会』に描かれた尾張医学館の様子

十返舎一九も常連？日本最大のライブラリーが名古屋に!? MAP No.06 A-3

昔

『大惣貸本店』鶴舞中央図書館蔵

明治31年（1898）頃に廃業。名古屋の文化人らが集まるサロン的な存在でもあった

今

現在は日本三大繊維問屋街に数えられる長者町

今では繊維問屋が集まる中区錦2丁目の旧長者町の一画に、かつて日本一の貸本屋があった。尾張は江戸や大坂にも負けず劣らず出版の盛んな地域で、町人から武士まで大勢が通う貸本屋が大流行。そんな中、大野屋惣八が経営する「大惣（だいそう）」は2万1000部以上もの最大の蔵書数を誇った。江戸在住のベストセラー作家・十返舎一九をはじめ、後の文豪・坪内逍遥（資料左下に描かれた少年）も幼少の頃から頻繁に通ったという。

（大惣貸本店跡／名古屋市中区錦2丁目付近）

かつて大須観音の境内では、ラクダの見世物が…… MAP No.10 A-4

昔

境内でのラクダの見世物は動物園のようだ
『絵本駱駝具誌』神戸市立博物館蔵

いまも変わらず庶民の信仰篤い大須観音。かつてはバラエティー豊かな見世物が開催された、盛り場のメッカでもあった。ラクダなどいまでは誰もが知る動物も、当時の人々にとっては初めて目の当たりにする"珍獣"だったに違いない。さらに生態の説明など聞きながら、餌付けもできるとあり、さながら今でいうところの動物園か。また医療用の摩擦起電器「エレキテル」の見世物では電気ショックを初体験。江戸時代の大須観音は刺激的なサプライズ満載だった。

今

今も昔も地元市民が集う大須観音

（大須観音／名古屋市中区大須2-21-47）

浮世絵師・北斎が超巨大画描く MAP No.10 A-4

昔

巨大画に群がる人々。まるでギネスに挑戦しているかのようだ
『小治田之清水』熱田図書館蔵

名古屋滞在中に描いた『北斎漫画』の宣伝のために、本書を出版した永楽屋と著者・葛飾北斎（かつしかほくさい）のコラボレーションが江戸時代に実現した。畳120枚相当の超大判用紙に、これまた特大の筆で達磨大師を描くというものだ。会場となったのは、浄土真宗本願寺派の寺院・本願寺名古屋別院（西別院）。西別院は、戦争で建物を焼失するも、昭和になってリニューアル。すっかり近代的に様変わりしたが、広い境内が往時を思わせる。

今

荘厳とした雰囲気漂う西別院

（本願寺名古屋別院／名古屋市中区門前町1-23）

昔

『猿猴庵日記』(部分)(鶴舞中央図書館蔵)に描かれた巨大なクジラは、この広小路で見せ物となったらしい

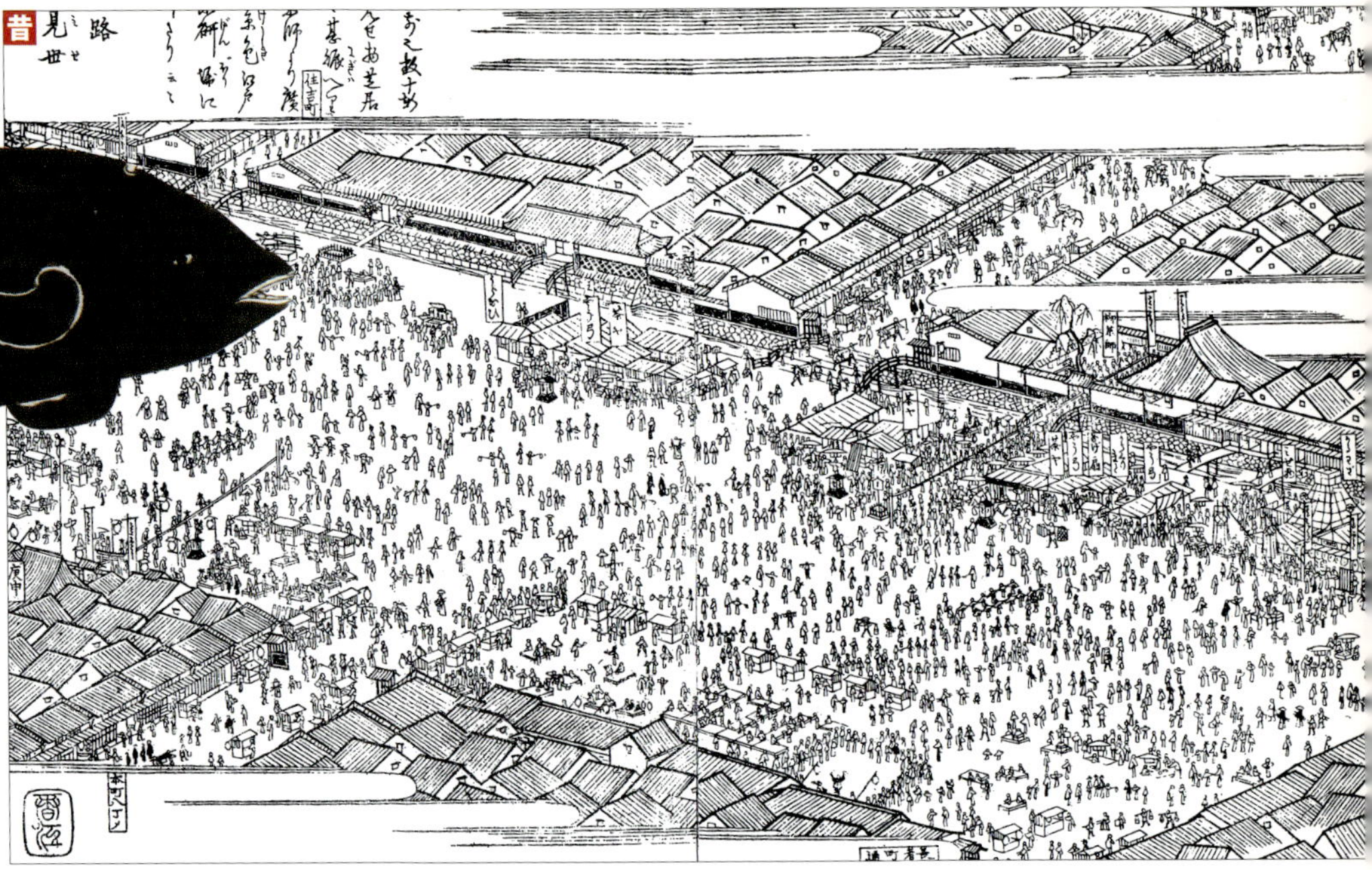

万治3年(1660)万治の大火により、防火帯として道幅拡張された広小路。それまでは、名古屋の町外れであった
『尾張名所図絵』より

広小路通に巨大クジラが見世物として登場

MAP No.05 B-4

Let's アクセス! FP CODE

百貨店や大手銀行が立ち並ぶ。
写真は広小路通栄地区付近

名古屋の玄関・名古屋駅から百貨店やブランドショップが集まる栄地区をつなぐ東西のルート、広小路通。沿道には高級ホテルや大手銀行・証券ビルも立ち並ぶ、名古屋のメインストリートである。今では道幅の広い通りが増えたが、江戸時代では、広小路通が最も広い通りであった。防火目的でそれまでの約4倍の十五間(約27メートル)に広げられた通りを利用して、世界最大の哺乳類であるクジラの見世物が行われていた。また、夜店も頻繁に行われ、広大なスペースにもかかわらず、あふれんばかりの人出だったそうだ。

(広小路通／中村区〜千種区)

今から約300年前、茶屋町を象が通過した

MAP No.05 C-2

茶屋町の通りは朝鮮・琉球使節の行列や、珍獣が通る際のルートとなっていた
『小治田之真清水』熱田図書館蔵

享和14年(1729)、城下町に突如現れたのは、将軍・徳川吉宗の命によりはるばるベトナムから連れてこられた貴重な象。当時大人気の動物をぜひとも見たいと大勢が集まるが、刺激を与えてはいけないとのお達しにより、簾越しにひっそりと見物するしかなかった。当時の様子が描かれている茶屋家の物見長屋は、城下町きっての一等地にあった。現在は中区丸の内2丁目に名称が変わり、茶屋家跡地は東京福祉大学の名古屋キャンパスが建つなど、すっかり様変わりしている。

かつて豪商が軒を連ねた通りには高層ビルが立ち並ぶ

(茶屋町／名古屋市中区丸の内2丁目付近)

大須は、大相撲名古屋場所の原点だった!?

MAP No.10 A-3

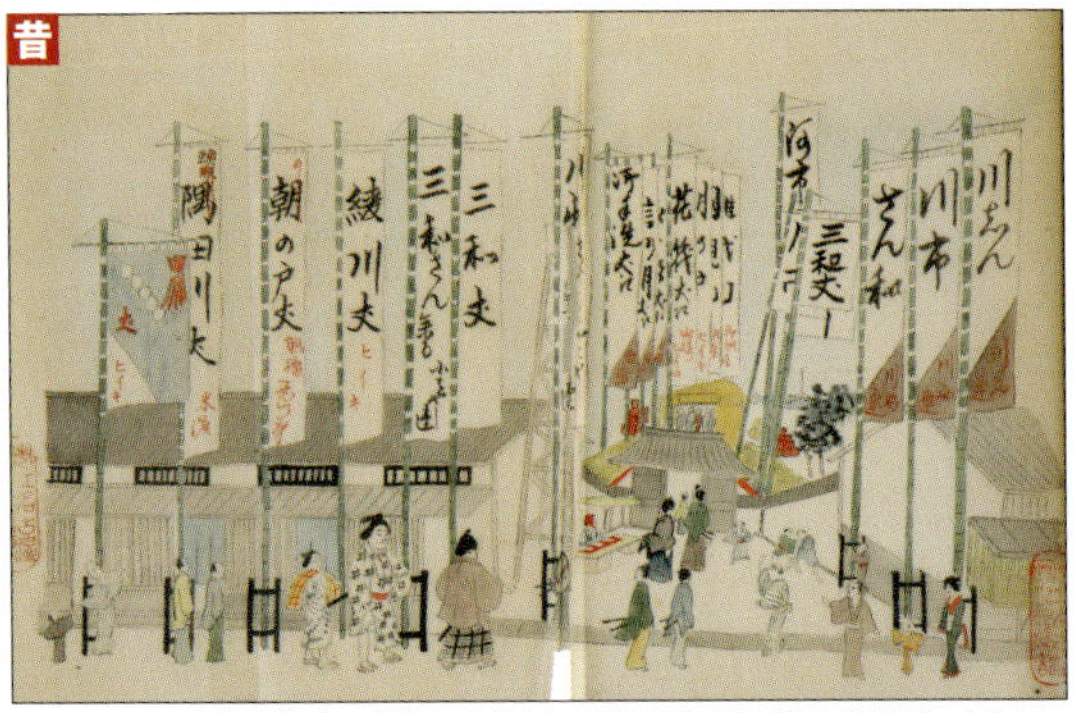

土俵は境内の屋外に設けられ、晴天のみ10日間の興行だったらしい
『名陽見聞図絵三』鶴舞中央図書館蔵

江戸時代から、庶民の娯楽として定着していた相撲。門前に連なる幟(のぼり)や横綱が土俵入りする様子を描いた当時の資料を見る限りではまるで今日の大相撲のようだが、当時は土俵が屋外に設置された、いわゆるアウトドアスポーツだった。残念ながら、白熱した取り組みが行われた大乗院はすでに廃寺。都市開発が進んだ寺院跡で、かつての賑わいに思いを馳せてみてはいかがだろう。

大乗院の跡地周辺とされるテレビ愛知近辺

(大乗院跡／名古屋市中区大須)

“盛り場 今昔”

高台にある郊外の住宅地として開発。見晴らしがいい

絵が描かれたのは、現在の臨済宗の天道山高照寺一帯だという

春の陽気に誘われて着物姿のデイキャンプ?

山の中腹で催されている春の宴。三味線の音色をBGMに、踊りに食事に盛り上がる人々の片隅で、よく見れば調理に励む姿。まるで、まかない付きの贅沢なデイキャンプのようだ。宴会場となった名古屋市東部郊外・八事(やごと)にある天道山高照寺付近は、自然の眺めが美しい行楽地であった。戦後は宅地開発が進み、高級住宅街に様変わり。今では若者向けのショップも集まる、おしゃれな街である。

(天道山高照寺付近/名古屋市天白区八事天道815)

今も昔も花見に興じる姿は変わりがない。彼方に見えるのは伊勢湾か。『尾張名所図絵』より

ものづくり王国・名古屋 そのルーツは 江戸時代にあった

その系譜は江戸時代に誕生した

愛知県、中でも名古屋は「ものづくり王国」といわれている。世界のトヨタ自動車やＮ７００系など新幹線を含めた電車を製造する日本車両をはじめ、三菱重工の航空・宇宙事業を支える工場群ｅｔｃ……世界に通用するオンリーワンの技術を持ち活躍する企業が、あたかも戦国武将が尾張で群雄割拠したようにひしめきあう。

そもそも名古屋が、日本におけるものづくりのリーディングシティとしての技術力を開花させるのは、明治時代になってからのことだが、その土台が築かれたのはそれより以前、名古屋に城と城下町が築かれた江戸時代にさかのぼる。

土台は、木曾の木材にあり

駄洒落ではないが、名古屋のものづくりの基礎は、木曾《きそ》の木材だ。清洲越《きよすご》しで町作りのために多くの職人が全国各地から集まり、やがて城下町で商工業が発展した江戸時代。尾張藩は広大な檜の美林、木曾山林を手に入れた。もともと幕府の管轄であったこの山林を、初代尾張藩主の義直に与えたのは、父・徳川家康だ。溺愛する息子の結婚祝いに、いわば一級の国有林を惜しげもなくプレゼントしたといわれているが、その面積はなんと二〇万ヘクタール。現在に置き換えれば四国の香川県全域、ナゴヤドームでおよそ四万個分に相当する。

金属などが希少な当時、木材は、建造物や家具、道具といったすべてをまかなう貴重な資源。木材豊富な環境は、必然的に木工技術を高め、やがて箪笥《たんす》や仏具に付ける金具作りの水準も上がっていった。

また熱田港を基点に、尾張は材木の一大流通拠点に発展。ブランド材の木曾材や、その工芸品などは全国に流通し、藩の財源を潤した。すなわち、今でいうところの潤沢なオイルマネーがあったようなもので、尾張は常に優雅な高い文化水準を維持できた。木曾の木材がもたらした豊かな財力と資源。ものづくりの素地となったのはいうまでもない。

明治の時計王国・名古屋を築いた徳川家康

さらに家康は、のちの名古屋で一大ブームを巻き起こす、ある技術も尾張に移植している。″時計″である。

家康は、朝鮮から貢がれたお気に入りの時計が故障したとき、京都の鍛冶職人・津田《つだ》助左衛門《すけざえもん》を召しだし修理させた。津田は分解修理していくうちに、時計の仕組みをマスターし、家康に一から新しい時計を作り献上した。これが日本初の国産時計と言われているが、感心した家康は、津田を最愛の義直に召し抱えさせ、津田は尾張藩の御用時計師として代々従事することになる。

それから、およそ三〇〇年後の明治時代。「メイド・イン・ナゴヤ」の尾張時計が世界を席巻する。当時の時計は、外箱に木材を使う箱型の

置時計が主流で、実に制作コストの三分の一を材木費が占めた。必然、資源に恵まれた名古屋は低価格で製造することができ、かつ江戸時代より醸成された高度な時計技術と相まって、トップレベルの時計生産地に成長したわけだ。

　現在、車部品の大手メーカー、尾張精機も、もともとこの尾張時計を手がけていた。製造にねじ・歯車が必要なことから、現代の精密鍛造へのこだわりが培われたという。

尾張精機のルーツとなった掛け時計（尾張精機提供）

メカトロニクスのルーツはからくり人形にあり？

　さて、津田助左衛門が尾張に根付かせた時計の動作を自動化させる西洋時計のムーブメント技術は、思わぬモノにも影響を与えた。それは「からくり山車《だし》」である。祭りで曳かれる山車の上で、人形が逆立ちをしたり、美女から鬼に瞬時に変身するなど、派手なパフォーマンスを披露する。このからくりこそが、今日の名古屋メカトロニクスのルーツともいわれているが、その立ち居振る舞いは、まさに精密なロボットのよう。電気製品などなかった時代、初めて目にした当時の人々の驚きは、現代のAIBOやASIMO以上のものだったことだろう。

　もともと、糸を引いて操作するだけのからくり人形に、時計のムーブメント機構を利用し、自動化に成功したのは徳島の時計師という。それが全国に瞬く間に広がり、上方では文楽、江戸では歌舞伎、そして尾張ではからくり山車という形で現代にまで残った。

　理由はさまざまであろうが、一因として挙げられるのが、やはり名古屋のもつ豊かな〝ものづくり〟の土壌にあるのではないだろうか。例えば、享保の改革で全国的に緊縮政策がとられる中、宗春の率先した規制緩和で対抗し、祭を盛大に催させ、娯楽の極みともいえるからくり山車を盛大に作らせた。その名古屋の活気に、京都のスゴ腕からくり職人・玉屋庄兵衛《たまやしょうべえ》ほか、尾張にはさまざまなクリエイターたちが集結。多彩な技術を開花させていった。

　ちなみに、トヨタグループの創始者・豊田佐吉も、もともとは静岡県の出身である。豊田は、江戸時代に培われたからくり技術を応用したと思われる豊田式木製人力織機を考案し、現企業の礎を作った。彼が名古屋に移住したのは、ものづくりに事欠かない豊かな木材資源に魅了されたともいわれている。あるいは江戸期以来培われた、どっしりと腰を落ち着けて、ものづくりに打ち込むことができる土壌も彼を呼び寄せたのではないだろうか。そしてその土壌こそが、現代に続く、ものづくり王国の源流といえるのかも知れない。

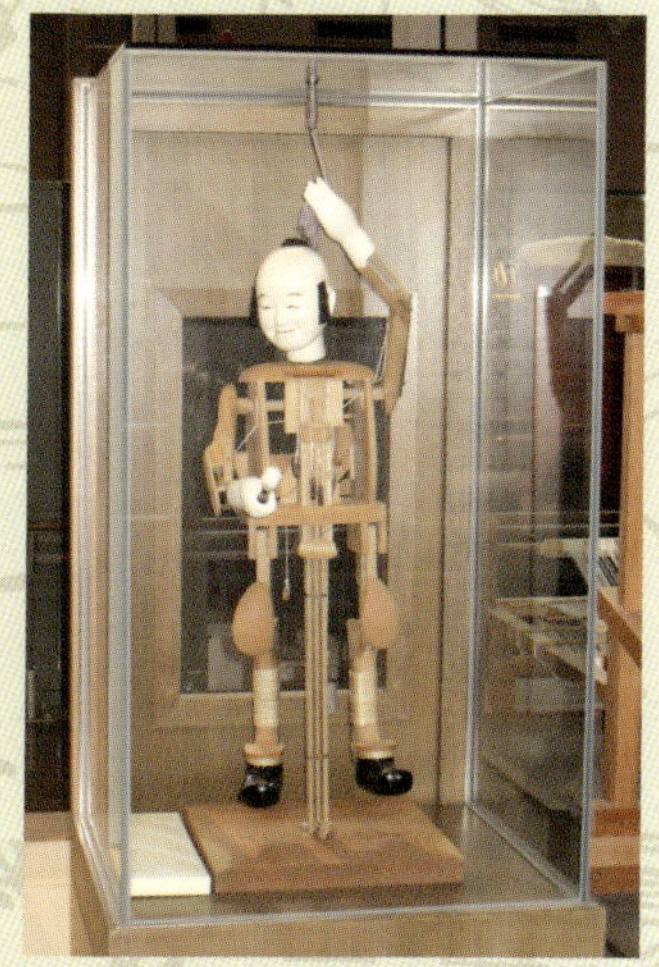

白山社のからくり人形（産業技術記念館提供）

豊田佐吉が最初に発明した豊田式木製人力織機（明治23年）（産業技術記念館提供）

熱田神宮の祭に出る駈馬（かけうま）を描く。馬には神が降臨するとされ、この馬を2頭駆けさせその年の豊作などを占ったとされる
「東海道五十三次 宮 熱田神事」（部分）山口県立萩美術館・浦上記念館提供

名古屋城はかつて「蓬左城《ほうさじょう》」とも呼ばれていた。この名の由来に、熱田の存在がある。海に近く、魚介類が豊富に捕れる熱田は、海産物を各地に運ぶ商業の町として発展していった。また、熱田神宮があることにより信仰の町としても栄え、さらに東海道が走る地域ゆえ人々の往来が盛んで、旅館などが立ち並ぶ宿場町としても形成された。その豊かさから、熱田は、「蓬莱《ほうらい》島《とう》」（中国の故事に登場する、不老不死の仙人が住む島）と称され、当時の都であった京都から見て、熱田の左に位置する名古屋は「蓬左」と呼ばれていたのだった。

また、熱田の海岸沿いには「阿由知《あゆち》潟《がた》」という浅瀬が広がり、この「あゆち」が転じて「愛知《あいち》」になったともいわれる。蓬莱島に例えられるとともに、県名のルーツをもつ熱田は、名古屋の発展を支えるパワフルな町だったに違いない。

日本武尊（やまとたけるのみこと）は熱田を拠点にし、朝廷に敵対する部族を鎮めるため東国へ出征した。彼の死後、ご神体であり、三種の神器の一つでもある「草薙神剣（くさなぎのみつるぎ）」は熱田の地に祀られた。伊勢の神宮に次ぐ高い格式を持つ神宮として崇敬を集め、「熱田さま」や「宮」と呼ばれ親しまれてきた。宝物館には、皇室をはじめ、多くの信者からの奉納品が4000点以上収蔵されている

熱田神宮提供

三種の神器・草薙神剣を祀る

熱田《あつた》神宮《じんぐう》

名古屋市熱田区神宮1-1-1

4

もう一つの大都市・熱田

熱田の宮に守られた

古《いにしえ》の大都市・熱田

熱田を訪れた人物・動物

熱田沖に海獣が漂着!?

あざらし

天保4年(1833)熱田沖に、体長6尺(約180cm)もある巨大生物が出現。海岸には多くの見物人が押し寄せたという

「天保四巳日記《てんぼうよんみのにっき》の海獺談話図会《かいだつだんわずえ》」
西尾市岩瀬文庫蔵

古代日本の英雄 熱田で妻を娶《めと》る

日本武尊（やまとたけるのみこと）

父である景行(けいこう)天皇は、朝廷に敵対する部族を鎮め、平定するために、日本武尊に東国出征を命じた。東征の折、拠点である熱田にて、尾張の豪族の娘と結ばれたという

「日本武尊像」三峯(みつみね)神社蔵

実は熱田生まれだった! 鎌倉幕府の祖

源 頼朝（みなもとのよりとも）

源頼朝は母(熱田神宮の大宮司季範の娘)の実家である熱田で生まれ、幼少時を過ごす。「誓願寺(せいがんじ)」には「頼朝公産湯池(よりともこううぶゆのいけ)」が残されている

「源頼朝像」甲斐 善光寺蔵

桶狭間の戦いでの必勝祈願

織田信長

桶狭間(おけはざま)の戦いの前に信長は熱田神宮で戦勝祈願。2万5000人の大軍を率いた今川勢に対し、織田勢はわずか3000騎で勝利を収める

「織田信長像」神戸市立博物館蔵

熱田を繁栄に導いた

「海の路」と「陸の路」

江戸幕府、最初の事業は東海道の整備だった⁉

関ヶ原の戦いで大勝利を収め、征夷大将軍となった徳川家康が、まず手がけた事業は東海道の整備だった。豊臣家を滅亡させ、天下統一を果たすためにも、幕府から京への道は必要不可欠な存在だったのだ。

もともと、東海道は律令時代につくられた道の基盤である。家康は、江戸から京までの東海道に一里塚（一里＝五〇〇〇メートル）ごとの目印にした土盛り）を定め、五十三の宿場を設けた。やがて、参勤交代制《さんきんこうたい》が始まると、各国の大名は東海道をはじめ、江戸から草津（現・滋賀県）を経由し京都を走る「中山道《なかせんどう》」や、千住《せんじゅ》（現・東京都）から陸奥白川（同・福島県）に至る「奥州《おうしゅう》街道」など、家康が整備した五街道を使い上京することになる。また、政治的な役割だけでなく、物資などの流通経路としても大いに役割を果たしたのだった。

さらに江戸時代には、物資輸送のスピードアップが図られるようになった。家康は福島正則に命じ、熱田から名古屋まで運河を掘らせた。それが堀川で、材木や魚などを船で運び、名古屋の繁栄に貢献している。

熱田には東海道唯一の航路があった‼

東海道の四十一番目の宿屋町・熱田から次の宿場町の桑名までは、川幅が広い木曾川・揖斐《いび》川・長良《ながら》川を越えねばならなかった。渡河は困難を極めたため、航路が認められ、「七里《しちり》の渡《わた》し」が誕生した。熱田から桑名まで最短四時間。旅の時間短縮が実現したのだ。

ただ、船酔いをする人や、長時間の船旅でトイレが我慢できず嫌う人も多かったようだ。徳川家光も上洛の際に船酔いしたため、海を渡らずに京に向かう道として、自ら「佐屋路《さやじ》」を整備したという。佐屋路は熱田から美濃路を二キロメートル北上した金山《かなやま》を経て、西に向かう。船旅を嫌がる女性が多く利用したため、「姫街道」とも呼ばれた。

多くの街道が整備されるに従い、人の流れは増加し、熱田と名古屋の交流は活発になっていった。熱田から四方に伸びる道は、かつては信長が住まう清洲の町を潤し、その後、名古屋城築城や町づくりには物資や人の輸送を担っていたのだ。「神社」「港」「宿」と町が栄える三拍子揃った町・熱田は、まさに尾張のターミナルエリアだったといえる。

「東海道五十三次 桑名 七里渡口」山口県立萩美術館・浦上記念館提供

佐屋路の標石

名古屋市熱田区新尾頭1（金山総合駅西南）

文政4年（1821）に佐屋宿の旅籠屋の人たちがこの石碑を建てたと、北面に彫られている。この石碑周辺が、佐屋路と美濃路の分岐する地点となる

清洲宿跡《きよすしゅく》

清須市清洲

美濃路の宿駅で、本陣、脇本陣、問屋、高札場、御馳走場が整備された。写真は現在も残る本陣の正門

清須市提供

美濃路

熱田から名古屋、清洲、大垣など7つの宿を経て垂井（たるい）で中山道に合流する。関ヶ原の戦いの勝者が凱旋した道であったため、別名「凱旋街道」とも呼ばれ、めでたい道ということで、徳川家康や家光も上洛の折にたびたび利用したそうだ

海産物を運搬した道

海産物が豊富な熱田では、信長の時代にすでに魚問屋が存在し、清洲へ続く美濃路が魚の運搬に使われた。江戸期には乾物の製法が進化し、流通エリアは美濃（現・岐阜県）や信濃（現・長野県）などの近隣諸国に及んだ

「東海道五十三次名所図会 東海道佐屋」
愛西市教育委員会提供

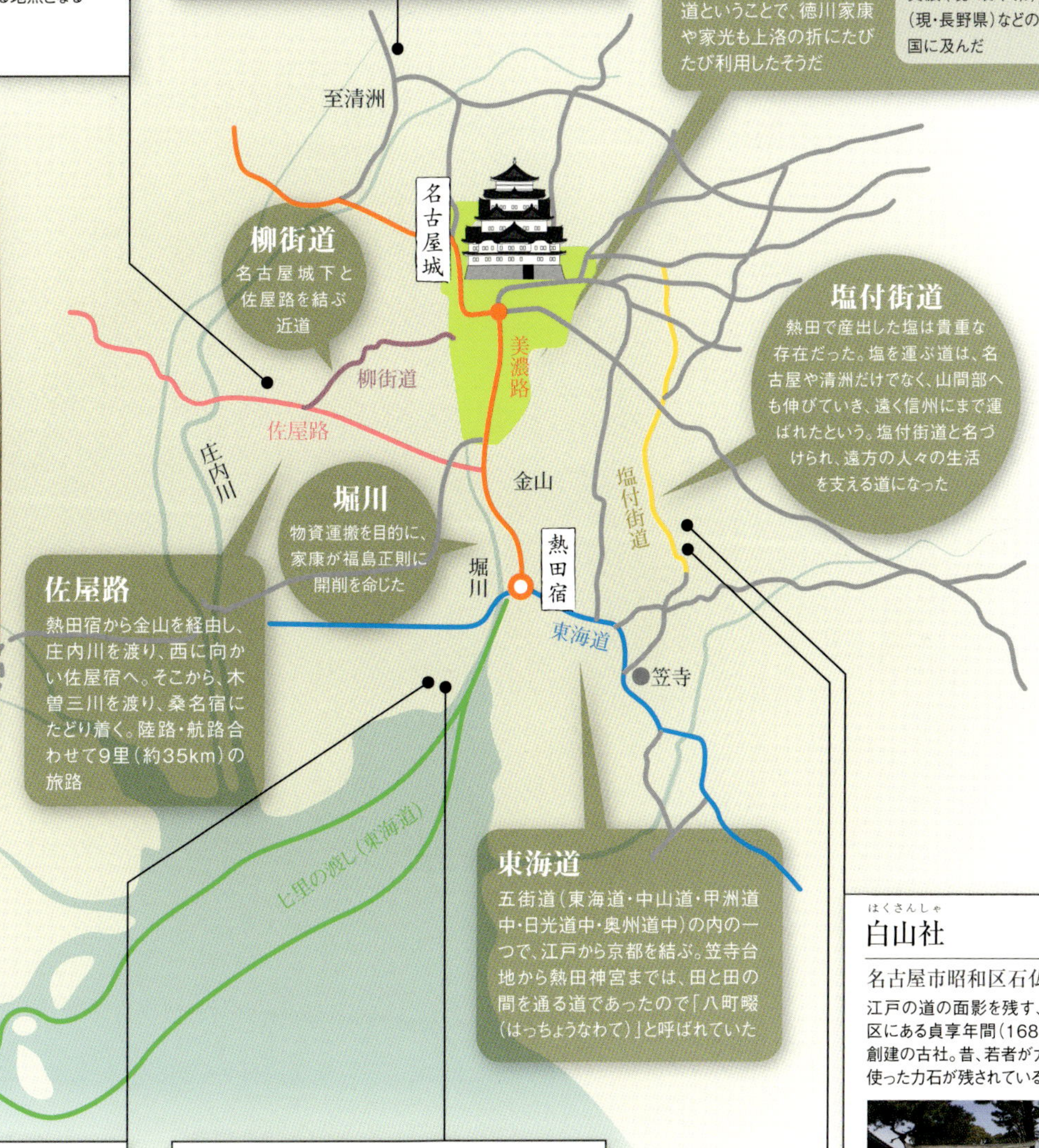

柳街道

名古屋城下と佐屋路を結ぶ近道

塩付街道

熱田で産出した塩は貴重な存在だった。塩を運ぶ道は、名古屋や清洲だけでなく、山間部へも伸びていき、遠く信州にまで運ばれたという。塩付街道と名づけられ、遠方の人々の生活を支える道になった

堀川

物資運搬を目的に、家康が福島正則に開削を命じた

佐屋路

熱田宿から金山を経由し、庄内川を渡り、西に向かい佐屋宿へ。そこから、木曽三川を渡り、桑名宿にたどり着く。陸路・航路合わせて9里（約35km）の旅路

東海道

五街道（東海道・中山道・甲州道中・日光道中・奥州道中）の内の一つで、江戸から京都を結ぶ。笠寺台地から熱田神宮までは、田と田の間を通る道であったので「八町畷（はっちょうなわて）」と呼ばれていた

白山社《はくさんしゃ》

名古屋市昭和区石仏町

江戸の道の面影を残す、石仏地区にある貞享年間（1684〜87）創建の古社。昔、若者が力比べに使った力石が残されている

七里《しちり》の渡し・常夜灯《じょうやとう》

名古屋市熱田区神戸町（宮の渡し公園内）

現在、七里の渡しの跡は埋められ、当時の面影はない。乗船場に設けられていた常夜灯は、夜の暗い海を照らす役割を担った。写真は、昭和30年（1955）に復元されたもの

名古屋観光コンベンションビューロー提供

時の鐘

名古屋市熱田区神戸町（宮の渡し公園内）

当時は抹香を焚いて時間を計り、鐘を突いて時を知らせた。鐘は熱田神宮正門の南に位置する蔵福寺に保存されており、写真は、常夜灯の隣に復元されたもの

名古屋観光コンベンションビューロー提供

馬頭《ばとう》観音（川澄地蔵堂内）

名古屋市昭和区塩付通7-42

かつて、塩を運ぶ馬が往来していた塩付街道の路傍には、道中の安全を願う観音や地蔵が祀られ往時の風情を伝えている

頭上に馬の頭を乗せた馬頭観音

大物有名人から旅人まで多くの人たちが

宿を求めた宮宿・熱田

都々逸発祥之地の碑

名古屋市熱田区伝馬2-5（姥堂内）

熱田宿のとある鶏飯屋で働くお亀の歌、「お亀買う奴、天窓（てんまど）で知れる、油つけずの二つ折れ、どいつじゃ、どいつじゃ」という、潮来節（いたこぶし）によく似た七七七五の歌。最後の「どいつじゃ」がなまって「どどいつ」と変わり、今日、三味線に合わせて言葉遊びをする都都逸（どどいつ）の形になっていったという

徳川家康幼時幽居地（羽城跡地）

名古屋市熱田区伝馬2-13

徳川家康が幼少の竹千代の頃、織田家の人質として幽閉されていた場所。東加藤家の羽城で周囲からは見えない郭（くるわ）だった

十返舎一九の『東海道中膝栗毛』は、江戸神田八丁堀の住人・弥次郎兵衛（やじろべえ）と、居候の喜多八が厄落としのために伊勢参りに出立、東海道を旅する話である。熱田から船で桑名（現・三重県）に渡り名物の焼き蛤を食べる話などが記されている

「東海道中膝栗毛」滑稽百五十三駅初編巻之上発端（花園大学文化部文化遺産学科提供）

群を抜いて賑わった東海道五十三次の宿場町

熱田はさまざまな街道の分岐点で、七里の渡しの乗船場もあった。そこは、宮に詣でる者だけでなく、塩や魚を運ぶ者、東海道を往来する大名や家臣でも賑わっていた。熱田神宮を中心に宿が発達したことから、かつては「宮宿《みやのしゅく》」と呼ばれていたという。

江戸時代の熱田宿の規模は、東海道五十三次の中でも群を抜いていた。江戸中期の記録によると、その戸数は二千九百二十四軒で、東海道五十三次に点在する宿の中では、府中《ふちゅう》（現・東京都）、大津《おおつ》（現・滋賀県）に次ぐ第三位、人口も一万三百四十二人で、府中・大津の次に多い。熱田は日本でも有数の大都市であったことがうかがえる。

唯一、関所が設けられた宿場町

徳川の時代に完成されていった宿場町・熱田の本陣は、神戸《ごうど》町の赤本陣と伝馬町の白本陣があり、どちらも広い敷地を持つ立派な門構えの建物だった。

本陣とは、勅使《ちょくし》が大名、旗本などが宿泊する施設のことで、この本陣に空きがない場合のための予備として脇本陣もあった。さらに、旅人の朱印状を確かめる御朱印番所《ごしゅいんばんしょ》という役所が設けられた。これは、関所のようなもので、全国の宿場町のなかでは、唯一熱田にだけ置かれたという。この御朱

熱田宿プロフィール

※享保10年(1725)頃

江戸から88里35町(約360km)
通　称:「宮宿(みやのしゅく)」
人　口:10342人
家　屋:2924軒
旅籠屋:248軒
本　陣:(勅使・院使・大名・旗本が宿泊):2軒
　赤本陣:(神戸町:建坪236坪)
　白本陣:(伝馬町:建坪178坪)
脇本陣:2軒(伝馬町)

宿帳

○東浜御殿
　寛永11年(1634):徳川家光
○西浜御殿
　公家や大名らが宿泊
　文久3年(1863):14代将軍・徳川家茂
　明治元年(1868):明治天皇
○赤本陣
　肥後・細川家
　土佐・山内家
　など67家が宿泊
○白本陣
　薩摩・島津家
　彦根・井伊家など

赤本陣・白本陣の料金表

	宿泊	休憩
30万石以上	白銀5枚	白銀2枚
15〜30万石	白銀3枚小判2両	金1両
6〜14万石	白銀2枚	金300疋(ぴき)

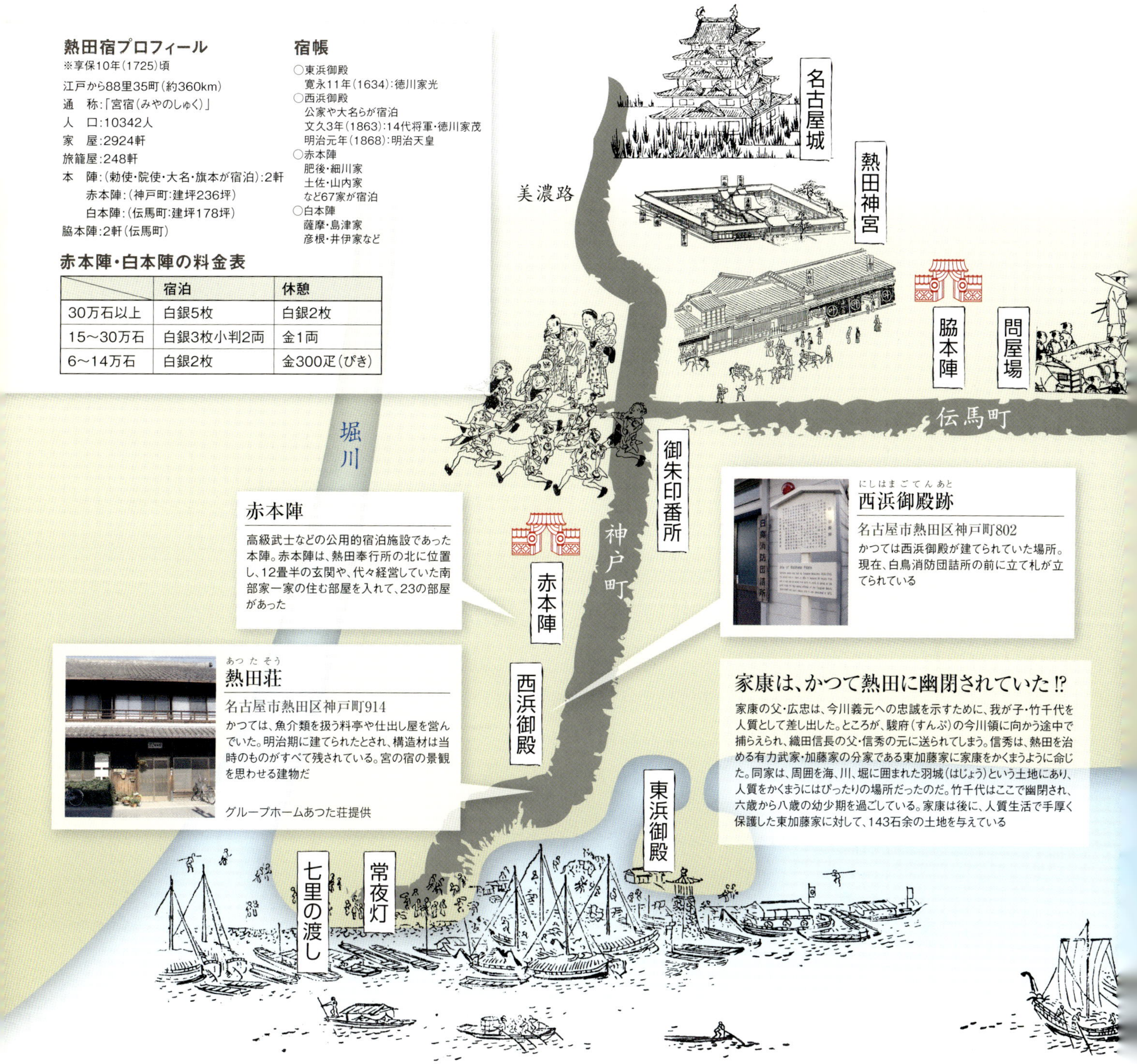

赤本陣

高級武士などの公用的宿泊施設であった本陣。赤本陣は、熱田奉行所の北に位置し、12畳半の玄関や、代々経営していた南部家一家の住む部屋を入れて、23の部屋があった

西浜御殿跡《にしはまごてんあと》

名古屋市熱田区神戸町802
かつては西浜御殿が建てられていた場所。現在、白鳥消防団詰所の前に立て札が立てられている

熱田荘《あつたそう》

名古屋市熱田区神戸町914
かつては、魚介類を扱う料亭や仕出し屋を営んでいた。明治期に建てられたとされ、構造材は当時のものがすべて残されている。宮の宿の景観を思わせる建物だ

グループホームあつた荘提供

家康は、かつて熱田に幽閉されていた!?

家康の父・広忠は、今川義元への忠誠を示すために、我が子・竹千代を人質として差し出した。ところが、駿府(すんぷ)の今川領に向かう途中で捕らえられ、織田信長の父・信秀の元に送られてしまう。信秀は、熱田を治める有力武家・加藤家の分家である東加藤家に家康をかくまうように命じた。同家は、周囲を海、川、堀に囲まれた羽城(はじょう)という土地にあり、人質をかくまうにはぴったりの場所だったのだ。竹千代はここで幽閉され、六歳から八歳の幼少期を過ごしている。家康は後に、人質生活で手厚く保護した東加藤家に対して、143石余の土地を与えている

印番所では、他国から往来する人馬の通行手続きがとられたわけだが、人の往来が激しい熱田において、交通の要所として厳しい警備体制が敷かれていたことを物語っている。

大物たちのご用達でもあった熱田

寛永十一年(一六三四)初代尾張藩主・徳川義直が造営した東浜御殿は、海浜を埋め立てて建てられた、三千七十坪もの豪華宿舎だった。徳川家光も上洛の帰路、この御殿に宿泊し、明治天皇も利用している。そして承応三年(一六五四)には、二代目藩主・光友が、尾張にゆかりのある大名や、公家たちを招待する施設として、西浜御殿を造営した。

皇室や政界の大物だけでなく、宮参りや富士山見物など一般の旅行客も多く訪れただけあり、宿の数も多く、公家《くげ》や大名が宿泊する赤本陣・白本陣の二件の本陣、そして一般の旅人が泊まる旅籠《はたご》屋の数は、なんと二百四十八軒。全国の宿場の旅籠屋の平均数が五十五軒だというから、まさに日本一の規模であった。ほかにも飲食店、みやげ物店、遊郭などさまざまな業種の店が充実しており、当時の熱田の活況ぶりが想像できる。

凡例	阿弥陀寺（社寺・史跡・地名）	49（掲載頁）	No.09 C-3（地図掲載頁）

※当索引では、江戸時代に存在したとされる社寺・邸宅等も記載しております。
現存しないものも含まれていることをご了承下さい。

熱田神宮古絵図（熱田神宮蔵）

INDEX 索引（社寺・史跡 等）

四間道などで見られる屋根神様
（名古屋市西区那古野1）

湯取車（湯取車保存会提供）

信長塀（熱田神宮提供）

若宮大通公園のからくり時計
（名古屋市緑政土木局緑地施設課提供）

参考資料・文献

『熱田歴史散歩』 日下英之 風媒社
『家康がつくった革新名古屋』 芥子川律治 地産出版
『江戸300藩 県別うんちく話』 八幡和郎 講談社
『江戸の殿さま 全600家―創業も生き残りもたいへんだ』八幡和郎 講談社
『大にぎわい 城下町名古屋』 名古屋市博物館 特別展「大にぎわい城下町名古屋」実行委員会
『尾張名古屋の人と文化』 金城学院大学エクステンション・プログラム 中日新聞社
『尾張の山車とからくり人形』 名古屋市総務局企画部百周年事業推進室（からくりワンダーランド名古屋市館）
『尾張の殿様物語』 徳川美術館
『尾張名所図会 絵解き散歩』 前田栄作 水野鉱造 風媒社
『からくり人形展 遊びのハイテク―江戸時代からのメッセージ』 朝日新聞社
『からくり―人形と文化―』 名古屋市博物館
『企画展 熱田と名古屋―中世から近世への歩み―』 名古屋市博物館
『規制緩和に挑んだ「名君」―徳川宗春の生涯』 大石 学 小学館
『教師の語る名古屋の歴史』 名古屋歴史教育研究会
『近世生活文化史 芝居』 名古屋市博物館
『近世名古屋享元絵巻の世界』 林董一 清文堂出版
『城下町古地図散歩2 名古屋・東海の城下町』 平凡社
『城下町・名古屋 江戸時代の町と人』 名古屋市博物館
『城からのぞむ 尾張の戦国時代』 名古屋市博物館
『史話 名古屋城と城下町』 水谷盛光 名古屋城振興協会
『新修 名古屋市史 第二巻』 新修名古屋市史編集委員会 名古屋市
『新修 名古屋市史 第三巻』 新修名古屋市史編集委員会 名古屋市
『新修 名古屋市史 第四巻』 新修名古屋市史編集委員会 名古屋市
『図説 愛知県の歴史』 林 英夫 河出書房新社
『図説からくり 遊びの百科全書』 立川昭二 種村季弘 河出書房新社
『図説 からくり人形の世界』 千田靖子 法政大学出版局
『続・名古屋城叢書2 名古屋城石垣の刻紋』 高田祐吉 名古屋城振興協会
『大名古屋検定』 本部建二 インデックス・コミュニケーションズ
『大名の日本地図』 中嶋繁雄 文春新書
『中世・戦国・江戸の城』 加藤理文 新人物往来社
『摘録 鸚鵡籠中記 下』 朝日重章 岩波書店
『天保国郡全図でみるものしり江戸諸国 西日本編』 人文社編集部編 人文社
『天保国郡全図でみるものしり江戸諸国 東日本編』 人文社編集部編 人文社
『徳川宗春 尾張宰相の深謀』 加来耕三 毎日新聞社
『特別史蹟 名古屋城―歴史・美術・建築―』 山田秋衛 名古屋城振興協会
『特別展 よみがえる戦国―埋もれていた城と館―』 名古屋市博物館
『ドニチエコきっぷでめぐる名古屋歴史散歩』 中山正秋 風媒社
『名古屋から訪ねる 歴史の町並み100選』 高士宗明 風媒社
『名古屋区史シリーズ 熱田区の歴史』 三渡俊一郎 愛知県郷土資料刊行会
『名古屋城―石垣刻印が明かす築城秘話―』 高田祐吉 名古屋市教育委員会
『ナゴヤ全書―中日新聞連載「この国のみそ」』 「この国のみそ」取材班編 中日新聞社
『名古屋城叢書2 特別史蹟 名古屋城年誌』 服部鉦太郎 名古屋城振興協会
『名古屋謎とき散歩』 恩田耕治 廣済堂出版
『なごやの古道・街道を歩く』 池田誠一 風媒社
『名古屋の史跡と文化財』 名古屋市教育委員会
『信長の城・秀吉の城』 安土城考古博物館
『八代将軍吉宗』 童門冬二 三笠書房
『堀川―名古屋人をささえた川―』 大野一英 名古屋市千種区
『目でみる愛知の江戸時代』 国書刊行会
『よみがえる名古屋城 徹底復元 金鯱を戴く尾張徳川家の居城』 碧水社 学習研究所
『歴史ウォッチング』 名古屋テレビ放送株式会社編 ひくまの出版
『歴史群像シリーズ特別編集 戦国合戦地図集』 碧水社 学習研究所
『歴史群像シリーズ特別編集 天守のすべて』 碧水社 学習研究所
『歴史群像シリーズ 城と城下町3 名古屋』 碧水社 学習研究所
『歴史群像シリーズ・デラックス3 よみがえる名古屋城―徹底復元◇金鯱を戴く尾張徳川家の巨城』 碧水社 学習研究社
『歴史群像シリーズ 日本100名城 公式ガイドブック』 碧水社 学習研究所
『歴史群像 名城シリーズ4 名古屋城』 碧水社 学習研究所
『歴史群像シリーズ よみがえる日本の城3 名古屋城』 碧水社 学習研究所
『歴史散歩23 愛知県の歴史散歩 上 尾張』 愛知県高等学校郷土史研究所会編 山川出版社

※本項目は主要な参考文献のみを挙げております。このほかにも多くの資料を参考にさせて頂きました。

協力／資料提供

愛西市教育委員会
愛知県図書館
熱田神宮
熱田図書館
稲沢市教育委員会
大阪城天守閣
大須商店街連盟
尾張精機
甲斐 善光寺
金沢市教育委員会
河文
清須市
琴城流琴城会
グループホームあつた荘
興正寺
高台寺
神戸市立博物館
香楽
産業技術記念館
島津建築設計事務所
守綱寺
全香寺
松隠軒
清涼院
関ヶ原町歴史民俗資料館
垂井町観光協会
中部森林管理局
鶴舞中央図書館
桃雲寺
東京大学史料編纂所
徳川美術館
徳川林政史研究所
土佐山内家宝物資料館
栃木県立博物館
鳥取県立博物館
富山市郷土博物館
豊明市教育委員会
豊田市郷土資料館
長岡京市
長崎大学附属図書館
名古屋観光コンベンションビューロー
名古屋市教育委員会
名古屋市市民経済局文化観光部 名古屋城整備室
名古屋城管理事務所
名古屋城振興協会
名古屋市緑政土木局 緑地施設課
西尾市岩瀬文庫
白林寺
株式会社 間組
花園大学文学部文化遺産学科
本願寺名古屋別院
万松寺
福岡市博物館
升半茶店 本店
松坂屋
丸栄
三峯神社
美濃忠本店
美和町歴史民俗資料館
人形作家・夢童由里子
紅葉狩車保存会
山口県立萩美術館・浦上記念館
湯取車保存会
両口屋是清本店
頼久寺

参考ウェブサイト

熱田神宮 http://www.atsutajingu.or.jp/
名古屋城 http://www.nagoyajo.city.nagoya.jp/

名古屋金城之図（名古屋城振興協会蔵、名古屋城管理事務所提供）

あとがき

「名古屋」と聞いてとっさに、名古屋出身の友人と彼がやっている飲食店の「なごやんおでん」という味噌で煮込んだおでんを思い出しました。その他に思いついたのは「金鯱」「味噌煮込みうどん」「ひつまぶし」「外郎《ういろう》」「きしめん」「名古屋コーチン」…見事に友人と金鯱以外は食べ物でした。つまるところ、私の認識は「何やら独創的な食文化を持っているまち」という程度のものに過ぎなかったのです。

これが、これまで寄せられたご要望に応え、名古屋をテーマとした時代MAPをつくろうとした時の、私の貧しい認識でした。

しかし、ひとたび「名古屋」という歴史の扉を開くと、江戸や大阪、京都とは全く異なる独創の文化を育み、花開かせて来たことに気付かされます。そしてその独創は世界を驚かせる「ものづくり文化」の礎となってもいたということも。

非常に奥深く、そして興味深い、この名古屋の独創を生み出した「まち」の原点ともいえる江戸時代の名古屋。ぜひこの本をお供に、あなたの目と足で辿ってください。

松岡　満

「絵本駱駝具誌」神戸市立博物館蔵

現代地図と歴史地図を重ねた新発想の地図

Time Trip Map

タイム　トリップ　マップ

特許出願中

名古屋時代MAP® 江戸尾張編

平成二十一年五月二十日初版一刷発行

著　者　株式会社新創社

総責任　株式会社新創社　松岡　満

構　成　株式会社コギト　太田　稔

発行者　浅野泰弘

発行所　光村推古書院株式会社

〒六〇三-八一一五

京都市北区北山通堀川東入ル

PHONE　〇七五(四九三)八二四四

FAX　〇七五(四九三)六〇一一

http://www.mitsumura-suiko.co.jp/

印　刷　日本写真印刷株式会社

ISBN978-4-8381-0409-3 C0026

企画・制作／新創社『時代MAP』制作委員会

編集デスク／岩松美歩

編　集／山脇純子・有田あゆみ

デザイン／井上雅友・中西真一・小合和秀・中島真由美・藤田茂

撮　影／西田雅彦・河野眞二

取材・執筆／植田博美・内海みずき・金廻寿美子・白須美紀

鳥嶋裕子・橋羽紗代

編集協力／上田啓一郎・合田有作・伊賀本結子